終の棲Ⅳ

―ありがとうと言ってくれてありがとう―

北沢美代

KITAZAWA Miyo

文芸社

※プライバシーを考慮し、すべて仮名にしてあります。

まえがき

このタイトル「ありがとうと言ってくれてありがとう」は、今は他のホームに転勤してしまった女性スタッフが介護に学び、その熱い思いを語ってくれた時の言葉である。彼女は東日本大震災の直後、大学生の息子さんと一緒に被災地に入り、その時、介護を生涯の仕事にしようと思ったという。ホームにきた時、彼女は六十歳を迎えていた。確かに異色のスタッフだった。

ある入居者が言った。「技術も必要だけど、年をとるとやさしさがほしくなるのね」

老人ホームの入居者は皆、当然年寄りである、老いは病いをはじめ、何らかの障害を持ち、人の手を借り、助けられているので自分を弱い立場の者と認識している。だからふだん自分をよく見ていてくれるやさしい人には「ありがとう」と感謝を伝える。その感謝を受けたスタッフは自分の仕事の意味を学ぶ。そしてまた一歩成長していく。それがやさしさの循環である。そしてその輪は老親を入居させた家族にも及び、広がるのだ。輪は大きくなる。

家庭での介護がさまざまな事情で難しくなってきている現代、私は入居以来「介護」「老人ホーム」に関心を持ってきた。この関心をさらに社会に伝えたいと思うようになり、この「終の棲」は四冊目になった。

一般に社会では「介護」「老人ホーム」はネガティブな考えが根強くある。それはその現状を知らないからだと私は思っている。私自身、入居するまでは漠然とした勝手なイメージしかなかった。

「介護」「老人ホーム」は決してボランティアで成り立っている社会ではないし、私自身もそうでなくてはならないと思っている。

それでもこの業界には、ボランティア精神が強く求められている。特に認知能力が低下してきた人が何を考え、何を求めるかは変化するので、決まった対応は通用しないし、大変効率の悪い仕事なのは間違いない。

ボランティア精神は、医療、教育、私の知らない社会でもみられると思うが、私は自分の立っているこの介護の社会から伝えていこうと思っている。人の力は微力で自分と縁のない世界にまで及ぶことは難しいからだ。

「やさしさ」は「やさしさ」を生み、「笑顔」は「笑顔」を生んでいく――これは私の四年近くの老人ホームの生活で学んだことである。

認知能力の低下しているおばあちゃんがゴネている。

「大丈夫だよ、わからなくても安心してね、ボクたちがついているからね、それに娘さんたちもいるからね」

このスタッフを、私は「お父さん」と呼んでいる。年輩のスタッフで見るからにやさしいお父さんなのだ。なにより彼はこのホームで「お父さんしてる人」なのである。

目　次「終の棲Ⅳ」

私たちだって幸せになりたいのよ

ホームに老親を訪ねてくる家族の中でも、水戸さんの娘さんたちは頻繁にやってくる。一人の娘さんは（多分お姉さんの方だろう）、比較的近くに住んでいるようだ。この娘さんはピアノ教室を開いていると水戸さんから聞いていた。企業に常勤しているのとは違い、曜日によっては多少自由に動けるのかもしれない。来ると必ず、近くの公園にお母さんを連れて散歩に出かける。お母さんの足の衰えを心配してのことだろう。

水戸さんは、一見して特選売場のものと思われるシャレた服を着ている。娘さんが来る日はスタッフも心得ていて、おシャレな水戸さんの服を選んでいるのだろう。水戸さん自身が選んでいるとは思えないから。それに、これまた素敵な帽子をかぶってティールームで待っているので、私にも（娘さんと散歩だな）とわかる。

その日も、きちんと身づくろいした水戸さんがいた。出かけるところは見ていないが、親子が帰ってきた時、玄関で出会ったので私は軽く会釈をして、「お帰りなさい」と声をかけた。娘さんは「いつもありがとうございます」と言ったが、水戸さんは何も言わない。

エレベーターに乗った私は、「開延長ボタン」を押して二人を待っていた。

「あら、お待ちいただいていたんですか、それはありがとうございます」

と娘さんが言い、二人がエレベーターに乗ってきた。

「急ぐ旅ではございませんし、急いで行ったからといって夢もチボー（希望）もある旅じゃないんですから」

私は娘さんの気持ちを和らげようとしてこう言った時だ、水戸さんが私の方を見て口を開いた。

「そんなこと言わないでよ、光り輝いていてよ。私たちだって幸せになりたいのよ」

私はびっくりした、というより感動さえしたのだ。娘さんのこの時の顔も感動的だった。

というのは、入居してきた当時、私は入居してきた人にはその緊張と寂しさを和らげたいと、積極的に近づき話しかけてきた。それで私は水戸さんの部屋を訪ね、それまでの生活の情報はかなり得ていた。

部屋の調度品は、それは立派で、学生の部屋のような私とは段違いだった。棚には大きな高価な花が活けられ（これは娘さんが訪ねてくるたびに持ってきていたものだ）、ごちそうになる煎茶はとびきり美味しかった。

しかし、目に見えて心身が弱ると共に、認知能力も低下していった。唯々《ただただ》眠っていることが多くなった。それもウトウトしているのとは違う。ティールームではテレビに向かって座っているが、その姿はうなだれていて、テレビを観ているとは思えない。ダイニングではテーブルに頭をのせて眠っていることが多い。それはどう見ても眠り込んでいるとしか映らない。それで私は会話を交すということはなくなっていた。

私を訪ねてきては、「私、未登録なのでごはんが出ないの」と言う。ダイニングで水戸さんを見ている私だが、「そう、それじゃあお腹がすいちゃうわね。お昼は少し早く出してもらうようにしましょうね」と話を他に向けるようにした。

そんな水戸さんだが、ティールームで入居者たちが飲み終えたカップなどを私が下げていると、「ありがとね、あなたのような人がいるから会社はもっているのよ」と言う。この「未登録」も、「会社はもっている」も、専業主婦だった人からは決して聞かれない言葉だ。

水戸さんはかなり手広く仕事をしてきたようだ。会員制の組織を立ち上げ、商品を販売していたようだ。家族を海外旅行にも連れて行き、いろいろ買ってあげた肝っ玉母さんでもあったのだろう。会員を帝国ホテルや赤プリに招待していたということも聞いていたから、仕事は順調に上手くいっていたのだろう。

最近では歩行もおぼつかないところがあり、一人にしておくよりはティールームの方が目が届くと思ってか、スタッフは水戸さんをティールームに座らせておくことが多くなった。それで私はいつも眠っている水戸さんを見てきた。

娘さんたちも一緒に散歩をしながらも、この弱ってきている母親に心を痛めていたのだろう。

「私たちだって幸せになりたいのよ」

と聞いた娘さんの感動は、当然私以上のものだった。その様《さま》は私の目にも明らかだった。しかしその娘さんの喜びはもう一つ大きいものだったということを知った。

数日後のことだ、今度は下の娘さんがお母さんを連れて散歩に出かけたのだ。その時私を見るなり「北沢さん、ありがとうございました。姉が家に帰るなりすぐに電話をしてきて、その時の母のことを聞いたんです」

私は、その電話口の娘さんの息せき切ったような心の高鳴りを聞いたように思った。よほどうれしくて、それが「家に帰るなり」の行動になったのだから。


今度娘さんに会ったら伝えてあげたいことが、私にはあった。それは私がスタッフに話した時のリアクションである。あるスタッフは「感動！」、またあるスタッフは「いい話が聞けました」、またあるスタッフは「水戸さんは時々とても気の利いた言葉を言うんですよ」。これと同じことは別のスタッフからも聞いた。

こうした感動は、当人はもちろんのこと家族、スタッフまで巻き込んで、そのつながりを大きく、しかも濃いものにしていく。

ここはよい老人ホーム、介護の質を上げていくという確信を持った。こうした架け橋は私の役割となっていくとも思ったエピソードである。もちろんこうした架け橋を引き受けるのは老いと病いを持った私には時にはしんどく、重荷に感じられることは否めない。それでも私は、自分ひとりがこの役割を担っているわけではないことも考えていた。

水戸さんが散歩に出る日、つまり娘さんが訪ねてくる日は、前もってスタッフに知らされている。だから娘さんがホームに着くまでに水戸さんのおシャレを手伝い、髪を整え、すてきな帽子をかぶせ、水戸さんを待機させている。

また食事の進まない時にはスタッフは、「水戸さんの大好きな漬け物があるよ。娘さんが持ってきてくれたんだから頑張って食べようね」と声がけをしている。こうして家族の思いは、スタッフたちによって母親に届いているのだ。

老人ホームがこうした多くの人たちのつながり、思いやりによって運営されていることはうれしい限りである。

同時に尾沢さんからいただいた文面にあった一文、「――他人同士である入居者とスタッフが相互に信頼関係を築きながら、適度な距離とプライバシーを維持し、家庭的類似性を形成しつつ、安寧な集団生活を営める棲が望ましいホームの在り方ではないかと感じました――」を思い重ねたのであった。

このことがあって、私は水戸さんに限らず心身が弱って会話をしなくなったり、ほとんど眠っている人を、テンから「そういう人」と思い込んでしまっている自分に気付かされたのだ。その惰性は介護する側の人間にも見られることがある。以後、私は時には自分を奮い立たせることによって、その惰性を打ち破っていることもあるのだ。

老人ホームは八十余年の歴史を持った人々に出会える家

ある映画スターがこんなことを言った。

「自分の人生のほかに役《やく》の人生も生きられる」

私は映画スターではなく、老人ホームのひとりの入居者である。しかし、老人ホームに入居したからこそ、こんなに多くの人生を共有できたという感慨は、日増しに強くなっていた。家での老後の生活だったら、若い時に付き合った人々ともほとんど往き来はなくなり、長く仕事をしてきた私には「隣は何をする人ぞ」で近所に親しい人は皆無であった。

もちろん、老人ホームだから誰もが多くの人生と出会えるなんてことはない。

この時も前のホーム長の教えてくれた「社会性を持った大きな家族」が私の頑なな心をときほぐし、大きな家族に引き入れてくれたおかげだと思った。私が「お母さんしてる」人になったからである。八十余年の人生を持った人たちとのつながりは、家での生活からは想像することさえできなかったことである。

しかし私はこれを、心豊かな人生にしてくれたとは言えないでいる。人生の広がりを持ち、それはそれなりに楽しいことではあった。これまでの人生の日常では忘れていた時代が鮮明に甦り、あるいは胸を締め付けられる空しさと寂しさを、しかしある時は光り輝いていた時代を彷彿とさせてくれた。この八十余年の人生を共有するということは、信頼し、親しくなったスタッフとのつながりでも決して持ち得なかった。

こんなたくさんの出会いを持ちながら、私が「心豊かな人生」とは言えないでいるのは、そのすべてが遠く過ぎ去ってしまったことであり、これからの展望がないことに由来しているからだ。これが「終の棲」の私の正直な思いである。

まず私が思い出すのは、吉川さんとのこと。

彼は京都大学の学生の時に学徒動員で召集され、呉《くれ》の造船所で爆撃を受け、九十歳を越したその頬にはその時の傷痕を残していた。

私にとって「学徒動員」は、あの雨の中を行進していく学生たちの映像しかない。しかし大勢の若者たちが死に赴くこの行進を、私は平静に見ることができないでいる（彼の話ではこの映像に残る行進は東京で行われたもので、彼が参加したのは関西地方の規模の小さなものだったという）。

昭和十六年生まれの私には、東京の家が焼夷弾で焼かれ、サーチライトの光の帯が昼間のように街を照らす中、永福町の知人宅に親子五人が走ったことくらいで、生々しい戦争の記憶はなかった。

母が妹を紐で負ぶい、私は父の背中に縄で負ぶわれていた（多分戦下を逃げることまで考えていなかったので、急きょ縄が使われたのだろう）。父と母は両側から兄の手を引いて走った。自分たちの姿もろともサーチライトに浮かび上がるたびに、私たち家族は身を伏せて息をひそめた（私の父は赤紙がきた時の兵役検査で結核が発見され、戦地に行くことはなかった）。

戦中、戦後といってもこの程度の体験だったが、吉川さんの学徒動員、玉音放送、その時の気持ちをどうしても聞きたかったが、それが実現したのはこのホームでのことだった。

赤紙がきた時は、その頃の状況を十分に察していたので、「自分のところにもきたか」という思いだったという。「それに対して何か言える時代ではありませんでしたからね」と吉川さんは付け加えた。

玉音放送は、呉の造船所で上官の下に集められ、そこで聞いた。しかし、米軍の攻撃地の一つであった呉の造船所では、日本が誇る軍艦が次々と撃沈されていくのを耳にしていたので、「これで終わった」という感慨しかなかったと言った。

吉川さんのその時の口調から、私はむしろ「終戦」「もう戦争はないんだ」という安堵感を聞いたように思った。同時に重い、重い空しさもあった。

それに彼は、神戸の灘高を出ており、その同級生に遠藤周作、楠本憲吉がいたという。

これを聞いた私は、この二人の著名人があたかも自分の知人であったかのような親近感を持ったのだが、これは吉川さんの人生を通して同じ時代の匂いの中を過ごした、地続きにいた人ということなのだろうと思った。

私より早くこのホームにご夫婦で入居されていた鳥越九郎さん（本の中で使用する名前はプライバシーを考慮して仮名にしているが、親しい人には何かご希望はありますかと尋ねることにしていた。それでこの名前に決まったのだが、「取越し苦労って言うでしょ。あれですよ」とのこと。ここからもご本人のユーモアのある人柄が伝わってくる）は、「この年まで生きるなんて、考えてもみなかった」（当時九十代半ばだったろうか）とよく言っていた。

男性入居者の中では唯一人の、積極的に人に話しかける人だった。テーブルが同じだと認知能力が低下した男性にもよく話しかけ、相手もそれを喜んでいるのが見てとれた（相手の男性は、毎日同じことをくり返していることが多かった）。

鳥越さんは戦時中、近くで爆弾が爆発したそうで、右の耳はかなりの難聴であった。大学病院付属の学校で教壇に立っていたというだけあって、驚くほど多くの分野の広い知識と関心を持っていたので、入居間もない私には楽しい話し相手で、たくさんのことを教えていただいた。

彼はある生物学者の説を引いて、「生物学上の時計でいうと、すべての哺乳類は五十年が寿命」だと言った。人間の寿命も五十歳。五十歳を過ぎると病気にかかりやすくなるし、その命は眼鏡、補聴器、入れ歯、杖で支えられている。五十年以後の寿命は科学（医学、栄養、環境改善等）の莫大なエネルギーをすでに費やして支えられているということを教えてくれた。

「保証期限の切れた体ですから、これからは社会のため、人のために使うのがいいです」と笑顔で話す彼のこのおおらかな明るい生き方は、このホームの中で活《い》きていた。

私には、「よいと思うことを実行して、それを続けていくことはすばらしい」と言って、いつもエールを送ってくれた人だが、一年程前に亡くなった。私はこの時のショックで、しばらくの間、人に対して消極的になってしまったことを覚えている。これも老人ホームで出会った人、それも親しければ親しいほど、向き合っていかなければならないことでもあった。

私は長く仕事をしてきたということもあって、専業主婦の生活をしたことがなかった。それで専業主婦というと、どこか別の女性の生き方と考える部分もあった。

藤堂さんはずっと専業主婦できて、同居していた実母の介護、看取《み》りまでをした方だった。その実母を介護した時の歌のやりとりを聞いたことがあった。

「信州信濃の新ソバよりも、わたしゃあなたのそばがいい」

娘にそばにいてほしい時に歌った歌だ。

「沖の暗いのに白帆が見える、あれは紀州のみかん船」

みかんを食べたいと伝える時の歌である。

介護の合間に母と娘の間にこんな歌のやりとりがあったなんて、なんと素敵な母子ではないか。

「こんな母だったから、最期まで介護できたんでしょうね」

と藤堂さんは言った。

この藤堂さんは、何より草花そして生き物を愛でる、楽しむ人でもある。

私はといえば、「きれい」「可愛い」と思うことはあっても、草花を愛で成長を楽しむということはなかった。

藤堂さんの家には、常に草々が次々と植えられ、花に囲まれた生活をしてきたという。

「バラは七、八分咲きの時が一番きれいなのよ」と教えてもらい、私の部屋のウッドデッキのプランターに植えられたバラがそれを実証した時、私は草花を愛で楽しんできた人ならではの観察力に驚いた。

雀にパンの残りを刻んで、部屋の外に撒いていたと言うのだが、

「ねえ、最初は一羽で来ていたのに、それが二羽三羽と増えていくでしょう。言葉を持っているわけではないのに、どうやって伝えているんでしょうね」

そんなことなど疑問に思ったこともない私は、新しい発見を指摘されたように思ったものだ。それからしばらくしてのこと、雑誌にシジュウカラは仲間同士言葉を交しコミュニケーションをしているという記事を見たと言って、その雑誌を見せてくださった。

藤堂さんは歌が大好きで、ホームのアクティビティ「音楽クラブ」には必ず参加している。「音楽クラブ」では和太鼓を打つ。そのバチさばきは、最長老の小和田さんに並んで見事だ。和太鼓には日本人の心に響く何かがあるようだ。

なにより藤堂さんは、高くきれいな声で歌う。家にいた頃は、区の合唱グループに所属していたというのだから、この音楽クラブで聴くに値する歌唱力とその声は、藤堂さんひとりと言っていい。

森山直太朗、山崎育三郎などの歌手を藤堂さんから教えてもらい、私はニワカファンになり、それは今でも変わっていない。ニワカファンというより、今では本物（？）のファンのつもりでいる。席替えがあってテーブルは変わったが、私は音楽クラブの日は早めに行って、私たち二人の席を並んで取るようにしている。

先日は、お部屋の前に植えてお世話をしているカランコエと沈丁花《じんちょうげ》を小さな器に活けて持ってきてくださった。その時、「この沈丁花はまだ三年なので、あまり香らないのよ」とおっしゃったのだ。バラの一番美しい見頃を教えていただいた時と同じ感動を覚えた。

そういえば、ウグイスの鳴き声も親鳥の鳴き声を真似て練習し、一人前に鳴くようになることを教えてくださったのも藤堂さんだった。

花ビラがやわらかで大きいものは枯れるのが早い。しかしカランコエも沈丁花も小さく硬い花なので、毎日冷水を注いであげると一カ月近くも私を楽しませてくれた。これも藤堂さんの心遣いの花だったのかなと思ったものだ。


ミヤコさんが補聴器を耳にセットしたその日、隣の人に「お話ができて幸せです」と言ったのを私は聞いた。ミヤコさんのテーブルは私からはちょっと離れていたのに、ミヤコさんの声が大きかったのか、あるいはその喜びが大きかったのか、多分その両方だったろう。耳はどちらかというと過敏な私には、人と話せることがこんなに「幸せ」なことなのかという驚きがあった。

「話せることが幸せ」というくらいのミヤコさんだったから、ちょっとしたきっかけでむしろミヤコさんの方から近づいてきて、私たちは友だちになった。

そのミヤコさんは、耳だけでなく眼にも障害があった。黄斑変性《おうはんへんせい》で、すでに視力も低下していた。今では手遅れの状態で、徐々に視力は低下しつつあるようだ。

そんななか私は、彼女には日展に八年連続で入選していたという経歴のあることを聞いた。連続で十年入選すると、その後は無審査で会員になれるらしいが、それを目前にして、絵を描くだけの視力を失っていったらしい。その時のミヤコさんが受けた恐るべき衝撃は、私の想像を超えるものだった。

私たちの世代の人からは、昔を振り返った時「働きに働いた」という言葉をよく聞く。昭和十六年生まれの私は、まだ年がいかなかっただけにその苦労は親がしていた。戦中、戦後の食べることに走り回り、その後はそれからの脱出の時代だったとも言える。その時代を生き抜いてきたミヤコさんは「努力〳〵努力〳〵」と言っていた。

しかしその「努力」は、このホームに来てからも続いていた。

リハビリに取り組んで、理学療法士に助けられながら毎日廊下を往復する姿も見ていた。視力だけでなく体力も衰えてくると、やはり理学療法士の指導で腕の上げ下ろしをしていることもあった。しかしこの時私は、宙を仰ぐミヤコさんはもう一度キャンバスの前に立つことを考えて、この腕の上下運動を頑張っているのではないかと思っていた。

ミヤコさんの描いた絵画はホームに持ち込まれてはいないが、その作品の写真集を見せてもらった。どれも静物画で、静かな、しかしどこか暗闇に引き込まれていくような匂いがあった。絵画には全くの素人の私にも、「これが日展か」と思わせるものはあった。私はミヤコさんから実姉との確執の中で長い葛藤をくり返してきたことを聞いていたので、そのトラウマがあったのではないかと思った。というのもどこか「トラウマ」を思わせる作品だったからだ。ミヤコさんの人生はどこか闘いの人生だったように思う。

しかしなにより私の救いになったのは、彼女のこのホームでの（終の棲）生活は、感謝に満ちたものだったことである。理学療法士にはいつも「腹を痛めていない娘《むすめ》」と言っていた。スタッフには常に感謝を口にし、「私はやさしいヘルパーさん（ミヤコさんはスタッフをこう呼んでいた）に囲まれて幸せよ」と言い、私には、「あなたは人に徳を施しているよ、ありがとうね」と言ってくれた。

しかし、そのミヤコさんも今はいない。

イタリアさん――当人を前にした時は下の名前「メイ子さん」を使うが、私は今では「イタリアさん」と言っている。スタッフの人たちも私から聞く話の中では、イタリアさんの方が通りがいい。私が「メイ子さん」なんて呼んだら、なんだか白けてしまう。それほど私たちは親しい友人なのである。

イタリアさん、その呼び名からもわかるように、彼女は長くイタリアで生活をしてきたようだ。ご主人は映画音楽家で、二人のお子さんも音楽関係の仕事についているようなので芸術一家なのだろう。彼女自身、ピアノを弾くことは聞いていた。私たちが知り合った頃には「家族」がよく話題になった。しかし最近では家族についての話は全く出てこない。

彼女は朝日新聞をとっていて、それを必ずダイニングに持参してくる（これは多分スタッフの配慮だと思われる）。新聞を開げて読む様《さま》が、まるでお父さんが新聞を読んでいるのに似ているのがなんとも愉快だ。時には片手を顎に当てている。その時は思案顔なのだ。こうした光景はこのホーム内では絶対に見られない。

以前の彼女の話題は、新聞記事の、しかも圧倒的に外国のニュースが多かった。話題にしていたというより、それが彼女の現実の事件となっていて、「こんなことしていられないのよ、大変なことが起こっているの」とインドへ、アメリカへ飛ぶことがあり、その都度私も付き合って成田へ向かうためのタクシーを手配しなければならなかった。

こんな時はスタッフが助けに入ってくれる。「タクシーが来るまでしばらく時間がかかるのでその間にお食事だけはしておきましょう」と言って納得させる。食事が始まると成田空港も外国もなくなってしまう。これで私も、彼女に付き合って外国に行くことからは免れられる。

「場面を変える」ということを、こうしたことで私は学んできた。

彼女のイタリアの生活がどのくらいの期間に及んだのかはわからないが、その時には彼女は二冊の作品に話が及ぶ（もっとたくさんの作品があることは彼女から聞いていたが、ホームに持参しているのはこの二冊だったようである。この本については『終の棲Ⅱ』に詳しく書いた）。

その一つ、『オリーブを摘む夕暮れ △△△△の食卓から』は、一編の詩を想わせるタイトルだ。もう一冊は『イタリアの△△な食衣住《くらし》』。彼女は「食衣住」と書いて〈くらし〉と読ませているのだ。まさにそこに彼女独特のウィット、表現の遊びを知った。

彼女の忖度ない、率直な言動は、私には痛快でさえある。日本人は曖昧な笑い（といっても私のそれではあるが）でやんわり「ノー」を伝える。相手の気持ちを忖度することによって、自分の面目も保っているわけだ。しかしイタリアさんはそのものズバリである。

私が多くの友人を持ち、あの人、この人に声かけをしているのを見てのことだろう。

「あなたは社交家ね。だけど社交家というのはやさしいというのじゃないのよ」

彼女の依頼（といっても彼女から何の依頼を受けたわけではないのに、突然脈絡もなくこう言い出すことがある）にそぐわないと、

「あなたは頼りにならない人ね。もう少し役立つと思っていたのに」

（ない依頼で動くことはないと思うのだが彼女にしてみればちゃんと依頼しているのだ）

私が「ダンスもお酒もダメなの」と言った時は、

「なんてツマラナイ人ね。あなたのダンナはただ稼ぐだけなの」

こうくるのがイタリアさんだ。

スタッフが「今日は水分が不足しているのでもう少し飲みましょう」と言うと、

「水は体が不足してくると飲みたくなるのよ。飲め飲めと言われても、ちっともありがたくなんかないわ。水はすぐにオシッコになってトイレに行きたくなるの。私だってトイレなんか行きたくないのよ」（確かにイタリアさんはトイレに連れて行ってもらうことが多い）

イタリアさんは男性に対しても、非常に率直な行動をとる。

以前、イタリアさんの隣のテーブルにショートステイの男性が座ったことがあった。彼女はすでに車椅子ではあったが、今よりは足に力があり自由が利いたのだろう。椅子を男性の方に向けた。しかもだ、私に「ねえ、あの方にビールを差しあげて」と言う。ビールは用意していないと答えると、「それなら、あなたビールを買ってきてくださらない」ときた。

私の年代の日本人は、とにかく異性に関心を持つことを、はしたないとか、恥ずかしいと思う人が圧倒的に多い。私は小学校から大学まで一貫して男女共学できたので、その間はグループで付き合ってきた。その中に想いをよせる人がいなかったわけではないが、「話のできる人」「考えの近い人」という友情に近い関係できたように思う。大学時代、我々共学組は、女学校出身者を「異性に免疫のない人」と陰口を言った覚えがある。

それに仕事を持ってきたので、男性と意見を交わし学ぶことは常のことだったため、男性に関心を持つことを「はしたない」と思ったことは一度もなかった。それはホームの中でも変わらない。私が専業主婦を苦手に思うのには、そのへんの異和感があるのだろう（私の妹は結婚を期に専業主婦になったが、「私は主婦のプロになる」と言ったのを思い出した）。その点、私にとってイタリアさんの男性への関心は、ごく当たり前のことであった。

これは最近のことである。私のテーブルに新たにショートステイで入ってきた蛯名さんが仲間入りした。蛯名さんは非常にオシャレだ。全体を見事にコーディネートし、それもセンスがいい。イタリアさんは、この珍しい男性の入居者を意識していたようだ。私に「あの赤いシャツの方は何している方?」と尋ねた。それで次の日、私は蛯名さんを誘ってイタリアさんの元に行った。

「あなたは東京に飛行機でいらしたの?」

(イタリアさんには未だに老人ホームで生活しているという認識はないが、ここが東京だとはわかっているようだ)

「はい、飛行機は速くて便利ですからね」

(彼はこのホームの一階の部屋から、もちろん歩いてきた。しかし、イタリアさんの話にかみ合うように応待するセンスを持っている)

「飛行機は揺れなかった?」

「揺れませんでしたね」

「そう、それはよかったわ、だけど飛行機は揺れるから気をつけてね」

そして最後にこうつけ加えた。

「ボーイフレンドができてよかったわ」

こうして蛯名さんは、見事イタリアさんのおめがねに適って、ボーイフレンドになった。

しかし時には振られることもある。蛯名さんがイタリアさんの元に出向いたとたんこう言われたそうだ。

「今日はお誘いが多いのでお断わりするわ」

それに対し蛯名さんはこう答えた。

「それではまたの機会に、ワインでも飲みに行きましょう」

このへんの蛯名さんの受け答えもなかなかなものだ。

また、イタリアさんは、マスクは白だと思っているらしい。それもそのはず、コロナ感染が始まって以来、スタッフはもちろん入居者でもマスクをしている人は多い。しかも誰もが白いマスクである。

ところがおシャレな蛯名さんは、柄の入ったマスクをしていた。これも服に合わせたコーディネートなのだろう。

ところがそれが、イタリアさんにはお気に召さなかったようだ。

「わたしのところに訪ねてくるなら、そんなマスクは失礼よ」

そう言われた蛯名さんは、以後マスクを白か薄グレーの無地のものにした（男性諸君、女性に対してはこうした心配りも必要なんですよ！）。

こうしたイタリアさんの言動は、長いイタリアの生活で培われたものだと思う。こんな正面切ってズバリものを言うイタリアさんだが、私はもちろん誰も不快な思いを持っていない。特別美人だったとは思えないけれど、苦虫をつぶしたような険しい表情は全くなく、天然素材のふだん着のような「いい顔」をしているのだ。

私は海外旅行では多くの国を旅したが、なぜかイタリアには行っていない。これが甚《いた》く悔まれる。それは、こんなに親しくなったイタリアさんと共有できたかもしれない、イタリアの空を仰ぎ、街並みを散策し、その空気を胸一杯に呼吸できないことへの後悔である。

綾野さんは美人で、しかもなんといってもおシャレなので、ホームでは目立つ存在である。私などはマスクが普通になって、これ幸いとスッピンが当たり前になっている時に彼女は化粧をしている。しかも必ずアクセサリーをしていて、それもその日の服装に合わせて替えているのだから私には驚きである。

私は彼女を、「鯛トトのお坊っちゃまに嫁いだお姫さま」と呼んでいたが、お姫さまはちょっとムリかなという思いはあった（いくら美人とはいえ、今年で御年九十歳というのだから）。

先日彼女が娘さんのディナー・ショーに出かけた時のことだ。親戚、知人の間で彼女の老人ホーム入居は話題になっていたようだが、その時、こともあろうか彼女はこの有料老人ホームを「養老院」と連発したというのだ。居合わせた人たちは、「綾野さんが養老院！」と思ったらしいが、当の彼女は「老人ホーム」と言っているつもりなので、後で人に指摘されるまでは気付かなかったという。

それを聞いた私はこの時とばかり、「お姫さま」を養老院のおばあちゃまにふさわしく、「おシメさま」に変えることにした。美人でおシャレな彼女にはちょっと気の毒に思う気持ちがなかったわけではないが、自らのたもうたのだから容認してもらうしかない（大体養老院などという言葉自体、今では死語だと思うのだが）。

ここで「鯛トトのお坊っちゃま」についても説明しておこう。「おシメさま」が嫁いだ相手、ご主人のことである。「お姫さま」（ン十年前ですから）のお相手は大事に大事に育てられたお坊っちゃまだった。幼少の頃魚屋に買物について行った時、これが食べたいという「鯛」を指差して「鯛トト」と言ったそうだ。

戦中、戦後に育った私は、成人するまで「鯛」なんぞ食べたことはおろか、見たことも聞いたことさえない高級魚だった。疎開先では、沢ガニやイナゴが唯一の動物性蛋白質だった。小三で東京に引き揚げてからでも、みそ汁の出汁に使って味がなくなったふやけたニボシを大事にかじり、たまたま魚を食べると、その後に残った背骨などはすべてもう一度焼き直し、カルシウムと称していただいたくらいである。

「鯛トトさま」がいかに裕福な家庭で大事に大事に育てられたかわかるエピソードである。その「鯛トトさま」に嫁いだお姫さまだから、お姫さまには常に侍従が付き添っていて、お姫さまは何もなさることはなかったのではと私は思うのだ。というのも、綾野さんは何をやってもドジをするからだ。

ウエットティシュのボックスを開けるのに、押すべき場所を持ち上げる。これが一回というならわかるが、くり返しになる。持ち込みのふりかけをごはんにかける時、ドバッと出してしまい、なんとごはんの半分がかくれてしまう。これはかけるではなく乗せるということなのに。すべて侍従任せだった「おシメさま」だから致し方ない。

最近こんな考えられないことをこの「おシメさま」はなさった。トイレの棚の物を取ろうとして便器のフタの上に乗って倒れたのだ。このようなことは侍従だってしない。下の手伝いの者にさせるというのに。しかしグルメな彼女は、家では手早く美味しい料理を作っていたというから、「好きこそものの上手なれ」というところか。

こんな「おシメさま」には、小学校以来のボーイフレンドがいる。その小学校以来という友だちグループの数人は、未だになにかと連絡をとり合い、情報交換があるというのだからともかくスゴイ！　ことだ。

ボーイフレンドの家はおシメさまの家と隣り合わせで、彼が彼女を訪ねる時、表の道を来るのではなく、生垣をくぐってきて、しかも彼女と遊ぶわけではなく、彼女の家の窓辺に座り込んで、彼女の家の蔵書、「世界文学全集」を読んでいるという妙な関係なのだ。彼女が帰ってくると、「ああ、お帰り」と言うのだからどちらが主かわからない。

この生垣をくぐって隣家にやってくるという微笑ましい光景は、かつての「向こう三軒両隣」が存在していた時代には決して珍しいことではなかった。

私にもこんな思い出がある。小学校時代の遊び仲間は、ガチャさん（なぜガチャなのか私が転校してきた時には皆が「ガチャ」と呼んでいた）の家で遊んでいた。この時玄関から入ることはなく、路地に面した窓から出入りしていた。この窓からの出入りが無性に楽しかったことが鮮明に甦ってきたのである。すると綾野さんの小学校の友だちと私の友だちが一つの集団になって遊んでいるようにさえ思え、それはとても楽しい光景でもあった。

綾野さんの家の窓辺に座り込んで「世界文学全集」を読んでいたというボーイフレンド（この時綾野さんから宮田さんという名前を聞いたので以後その名で書くことにする）が、二冊の本を送ってきたという。あの少年が老年を迎えた今、「どんな本」を読んでいるのか興味があった。かなり部厚い本だったので、綾野さんが一気に読むことはないだろうと思い、多少強引だったかもしれないがその一冊を借りた。

それは『あの胸が岬のように遠かった―河野裕子との青春―』（永田和宏著）というもので、なにしろ面白かった。その勢いでもう一冊も借りた。『流木記 ある美術館主の80年』（窪島誠一郎）だ。

この二冊に共通しているテーマは、生母を知らない、生母の腕に抱かれたことのないそこはかとない孤独感、不安だった。

綾野さん自身も、生母は産後一週間で亡くなり、当然抱かれた記憶はない。その後、後《のち》添《ぞ》えさんに大事に大事に育てられた彼女には、二作の作者と共有する孤独感、不安は全くない。生後一週間で死別したというのがその理由かと私は考えている。

この時、ある記憶が突如甦った。

私とは決して親しい仲というのではなかった岡田君だ。私の高校は男女共ブレザー、そして赤いネクタイが一応制服となっていたが、彼は詰襟の学生服だった。その前後のことは全く記憶にないが、多分校庭の隅に彼が立っていて、こんなことを私に向かって言ったのだ。

「ボクはどうしても、ボクを産んだ母に会いたい」

その表情には確かに空しさ、不安が見てとれた。いつ養子であることを知ったのかは訊かなかったが、その時私は、高校生になっても生母に対する思いを引きずっているのかという感慨を持った覚えがある。彼は自分のルーツを掴みたかったのかもしれない。

私はずっと母親の元で育っていたので、そういった類の不安、孤独感は全くなく、むしろそれと正反対の記憶がある。

それは東京大空襲で住んでいた家を焼かれて移った母の実家、三田の家でのことだ。

その夜、空襲を受けた空は一面真っ赤に染まり、異様なものだった。兄と私は並んで茶の間の縁に立ってその空を見上げていた。

私はその時、「お母ちゃんがいるから大丈夫だね」と言った。その時の自分が発した幼な児の独特の声音を覚えている。昭和十六年生まれの私は四歳になったばかりだった。

しかし隣に立っていた兄は私の二年上、六歳になっていた。兄は全身をガタガタ震わせ、歯はカチカチ鳴り、その振動が私にまで伝わってきた。多分その二年という年の差によるものだろう。母親がいればどんなことからも守ってくれるという絶対の安心感（その後の人生で絶対の安心感などというものはないことを知った）——六歳の兄はすでに母親から自立していたのだ。それで、全身でその異様な恐怖と戦っていたのだろう。それ以前の記憶は、家族や周囲の人から聞いたことで形作られている部分があり、私自身の記憶とは明言しにくい。しかしこの時の異様な真っ赤に染まった夜の空は、この私自身の記憶だと言える。

この時の「お母ちゃんがいるから大丈夫だね」は、生母の腕に抱かれて育った者の絶対の安心感だと思うと、宮田さんが綾野さんに貸してくれた二冊の本の作者が共通して持つそこはかとない孤独、空しさ、不安が明らかになった。

生母との関係を考えると、「父」との関係が浮かび上がる。これは私個人の考えと前置きしてのことだが、私は多分小学校の高学年までだろうか、父がなぜこの家にいるのか不審に思っていた。私にとって父は他者《よそもの》という異和感があった。もちろん成人に近くなってその不審感はなくなった。

綾野さんの歩んできた道、そしてボーイフレンドとの関係、そしてこの二冊の本の作者の生い立ちまでが、私自身の人生と重なる部分があり、このホームで綾野さんと出会わなかったら経験することのなかった人生である。人生が重なるということは、実在の人物のみならず、作中の人物とも共有した時代を生き、共通する体験につながるということを知った。

老人ホームという狭い空間でこんな人生の広がりを持てるのは、家で老後を過ごしていたら考えもつかないことだった。

〈追記〉

後日、綾野さんがスマホを開いた時、宮田さんからのメールが入っていた。それには、宮田さんが朝日新聞に短歌を投稿し、その時の選者が『あの胸が岬のように遠かった』の著者、永田和宏氏だったという。それで宮田さんと作者との関係、そして彼がこの本を求めた理由もわかったので腑に落ちたというすっきり感があった。

私は、短歌も俳句もやったことはなかったが関心はあった。俳句では芭蕉の多くの句の中でも、「夏草や兵《つわもの》どもが夢の跡」が一番に浮かぶ。

去年の猛暑続きの夏、新聞で見た、「泪より少し冷たきヒヤシンス」（夏井いつき）は心に残っていて、その色と共に涼しさが肌を撫でる。

そしてもう一つ、昔、仕事仲間に句をしていた人がいた影響だろう、私も一句だけ作った記憶がある。しかし上の句がどうしても思い出せないが、下の句だけは鮮明にその歌を詠んだ春の闇さえ甦ってくる。「闇の沈丁花《じんちょうげ》」がその下の句だった。なにか想ってはいけない、思い出してはいけないという妖しさが漂うのだ。『あの胸が岬のように遠かった』の作者と宮田さんの関係がはっきりしたすっきり感を書いたが、これは一面識もない宮田さんの人生を私が共有できたということでもあった。

同じ入居者として出会って、その人の人生を聞きたい、知りたいと思いながら、それが叶わないまま逝ってしまった人がいた。当初は気性の激しい人と思っていたが、それは性格というより認知症のゆえだったと思う。私は医師ではないのでこう断言するのは憚られるが、認知症には人格を変えてしまうこともあるのだ。私が無念に思うのはそのためであり、これも老人ホームならではの出会いだろう。

私が入居した時、外山さんは脳梗塞の後遺症で左半身不随の身で車椅子を使っていた。私に最初に声をかけてくれたのが彼女だった。ティールームで隣に座った私に、「あなたは何年生まれ？」と聞いた。「十六年」と答えると、「あら、私も同じ十六年よ！」と弾んだ声で言った。同年ということは、私にとっても思いの外親近感を覚えることであった。その時彼女が言った、「このホームにきて楽しいと思ったことはなかったけど、あなたと会えてこれからは楽しくなると思うわ」という言葉は、今でも私の耳の底に深く残っている。

その同年の彼女、大学はアメリカに留学したというのだ。すでに戦後という時代ではなかったが、アメリカは対戦国、勝利国である。敗戦国の日本の、それも高校を卒業したばかりの十八歳の少女がアメリカに留学したということは、私にはまさに驚愕だった。しかも大学卒業後はずっと、ユニセフの活動をしてきたというのだ。今ではユニセフを知らない人はいないだろうが、その当時、私はユニセフが何かも知らなかった。だから、私とは無縁だったユニセフのすばらしい活躍を聞けると期待は膨らんだ。しかし、その期待は見事に裏切られた。彼女が私に話したのは、「品川にある事務局」と「外務省」「宮内庁」だけだった。

その直後だったと思う。私はスタッフを助けて、いろいろ手伝いをするようになった。すると彼女は、「私たちはスタッフを雇っているんだから、あなたはそんなことしないでよ！」と大きな険のある声で言った。その時は「気性の激しい人」と思っただけだった。そしてそれは私たちの中の確執となり、ほとんど口さえ利かなくなった。

しかしその後の彼女の言動を考えると、それは明らかに認知症の兆しだったのだ。「外務省」や「宮内庁」も、彼女の自尊心を満足させたい心の表れで、これも認知症のためだったと思う。こうして私が期待したユニセフの活動は聞くことがないまま終わった。しかもそれが認知症という人格までも変えてしまうことを考えると、なんとも複雑な思いである。

　彼女の部屋の入口には名札が外された日まで、空色にその名称を白字であしらった「ユニセフ」のシールが貼られていた。これも終の棲で出会った人生の一つである。

　大勢の人たちの人生を共有し、広がりを持ったことはそれなりに楽しいことではあった。これまでの人生の日常では忘れていた時代が鮮明に甦り、ある時は胸を締め付けられる空しさと寂しさを、またある時は光り輝いていた時代を彷彿とさせてくれた。

　こうした体験は、信頼し親しくなったスタッフとのつながりでも決して持ち得なかったことである。それでも、こんなにたくさんの人の人生を共有しながらも、「心豊か」とは言えないでいるのは、くり返しになるが、それらがすべて遠く過ぎ去ってしまったことであり、これからの展望がないことに由来しているからだと思う。これが「終の棲」の私の正直な思いである。

ホーム小話 ①

産休？　ボクは産みません

翔君が育休をしっかり取るという。私も弘田さんも大賛成。喜んだ。早速私は言った。

「翔君が一カ月産休を取るっていいことね」

「えっ、ボク、子どもは産みません」

時代が移り、政府もその時の状況に合わせて当然変わる。育休が育業と変わったのは知ってはいたが、しかしおばあちゃんたちには産休の方が馴染みがあって、こんな失敗はよくすることだ。

「翔君が育休を一カ月取るっていうことは、後輩たちに育休を取りやすい環境をつくることになるからよかったわ」

「だけど奴ら（急に大先輩気分になったのか、ふだん聞かない奴らが出た）、後に続く者いるのかなあ」

「それよ、私たちも心配しているの。育休以前に婚活が必要ですもの」

（介護福祉士、特に女性たちの婚活は大きな課題だと思っている）

ゴマメの歯ぎしり

「ゴマメの歯ぎしり」の見出しで書き出そうとしていた日、たまたま一階のティールームのテーブルの上にあった「週刊朝日」を見てしまった。ホームで読むのは朝日新聞と読売新聞のみ。週刊誌はホームではとっていないので、誰かが置いていったのだろう。

私はふだんから、自分の言動、ホームでの生活を「ゴマメの歯ぎしり」と言っているのだが、まさにそれを代弁してくれるようなエッセイが載っていた。その、東海林さだお氏のエッセイ「恐るべし、目刺し弁当」と「ゴマメの歯ぎしり」の共通項については後半で書くことにする。

「ゴマメの歯ぎしり」と言っても、スタッフたちは誰も知らない。国文科卒の梨沙ちゃんさえ知らないのだから当然だ。誰もがポカン顔。しかし入居者たちは知っているので、そのリアクションは大笑いだった。それもそのはず、目の前に、その歯ぎしりしているご本人を見ているのだから。

もし私が、ポッチャリした、色白の可愛いおばあちゃんだったら誰も笑うことはない。

ただ「わかる、わかる」と頷くだけだったろう。

私は自慢ではないが、これまでの八十二年で「色白」と「可愛い」は言われたことがない。イワシは黒くて、痩せっぽち（せめてスリムと書きたいところだが）、それを干《ひ》涸《から》びているのだから、私を目の前にしてイメージするのに難くない。

知らない人も多いので一応注釈だけはしておこう。

ゴマメはカタクチイワシの稚魚を干したもので、力のない、役立たずの者のこと。その者が悲憤慷慨《ひふんこうがい》し、訴えることである。これはまさに、老人ホームでの私の「様《さま》」や「生活」を表現しているように思ったので、なにかというと「ゴマメの歯ぎしり」を口にしてきた。

まず、「介護」「老人ホーム」の底上げを強く願望し、行動していること。たった一人のおばあちゃんが頑張ったところで、空に拳を振り上げているようなものだ。幸い（？）私は痩せて干《ひ》涸《から》びているゴマメそのものなので説明はいらない。立ち止まって見てくれればそれでいい。

しかし、しかしである。「ゴマメ」ばあちゃんでも、「歯ぎしり」を続けていると、同じ目線で一緒に考えてくれる仲間が一人、また一人と増えるのだ。これは私が予想をしなかったことでもあり、こんなに心強いことはない。

それは入居者とスタッフの信頼関係を築くことにもつながってきた。「介護」「老人ホーム」（これはなんといっても私たちの「終の棲」である）のよりよい方への底上げは遠く、厳しいことは承知している。だからこそ、歯ぎしりも強くなる（歯が擦り減ってしまわない内に、その夢の実現をみたいと願っているのだが。幸い私はこの年になっても入れ歯もなく、歯医者からは褒められている）。

「本」を書くことが、私に大きな転機をもたらした。「本」にすることで予期しなかった波紋が起こるということだ。一面識もなかった人とつながり、すっかり縁の切れていた友人、知人と再び交流が始まったのだ。それと同時に、書店へ足を運ぶ意味を教えてもらった。書店は知識、好奇心の宝庫だ。現代の動向を知ることもできる。知らない国、世界、縁のなかった人々、時代を超えての出会い、これまで関心を持たなかった分野への興味——しかし、その原点を担っていた書店が近年減少傾向にあるという。私が長く住んだ街、上北沢からも書店はとうに消えていた。今までの書店とは違う本の選択、展示、販売を店主が考えている書店も誕生してきてはいるが、それはごく少数である。

「本」を書くことによって多くの人々とつながった私は、せめて私の本は書店で求めてほしいと思った。ネット通販で早く便利に商品が自宅にまで届くことは知っていたし、日用雑貨品の購入には私も利用している。書店では、「お取り寄せ」で注文しても一～二週間はかかるので、時間に追われている現代人にはまどろっこしいに違いない。私は友人知人にはこの多少の不便を我慢してもらっている。お取り寄せの本を取りに行くと、必ずや新しい発見があるからだ。

村上春樹じゃあるまいし、私の本がベストセラーになることもないのだから一笑に付されることはわかっている。それでも、ここで「ゴマメの歯ぎしり」の出番だ。一瞥もされず、耳をかすめることもなく消える「歯ぎしり」も、頑張って続けていれば奇跡を起こすことも必ずあるはずだ。

そして、「あしなが育英会」への寄付である。私の本が売れるとわずかだが、その一部を「あしなが育英会」に寄付を始めた。今迄の金額を考えてもたった一人の奨学生の四年間の就学費用にも足りない。しかし、私の本を通じて「あしなが育英会」の存在を知ってもらえるだけでもいい。

人が行動に移るには、一つの情報だけでは動かないことを知っていたからである。「あしなが育英会」の存在を知っただけで、次に街中で奨学生が募金箱を抱えて呼びかけているのを聞いたら、あるいはニュースでその活動を知ったら、その時初めて寄付という行動に出ることがあるかもしれないからだ。

ある入居者の家族がショートステイで入ってきた時、私は私の書いた本をお貸しした。読み終えて本を返していただいてそれで完了と思っていたのだが、そうではなかった。その方はご自分の蔵書として適宜、反復して読み込むことにより、その都度別な観点から得られるメリットが多くなると思いますとお手紙をくださり、改めて本を求めてくださったのだ。そして定価相当額の図書券が同封してあり、「あしなが育英会のために役立てていただければと存じます」と書き添えてくださったのだ。

それだけではなかった。その後私が目指す「介護」「老人ホーム」の情報をくださる縁にもなった。介護、老人ホームの底上げの仲間になってくださると確信した。

私たち（あしながさん）と奨学生は一面識もなく、生涯会うことはないだろう。しかし奨学生たちから届く「詩」で、私は彼らが知らない私たち、あしながさんに感謝の強い思いを伝えてくれているのを知った。

その一篇を紹介しよう。

顔も名前も知らないわたしのことを
あしながさんは想ってくれた

わたしは
ひとりではなかったのだ

わたしは
いていい存在だったのだ
あたたかくやわらかな朝日につつまれて
いま　あしながさんがいてくれる

その事実がわたしを強くする

詩　元村海悠（高3）

私の主治医は、私が「あしなが育英会」のことを話すと、「教育はローリスク、ハイリターン」と言って喜んでくれた。

私は「あしなが育英会」から送られてくる冊子「あしながファミリー」や、奨学生の詩を読むたびに、日本の将来を担う青少年たちに、「ありがとうと言ってくれてありがとう」と言う。この言葉は『終の棲Ⅳ　―ありがとうと言ってくれてありがとう―』、つまりこの本のタイトルである。これはこのホームで出会ったスタッフ（今は他のホームに転勤）の介護に携わる理念であり、強い熱い思いである。

生きる世界は違っても、一面識のない人たちの間にも共通するものを見い出すのは、私ひとりではないはずだ。この奨学生たちの中に、「人の役に立つ仕事」に就きたいと介護職を選択してくれる若者がいるかもしれない。人に寄り添うスタッフたちの後輩になってくれるかもしれないと、「ゴマメ」おばあちゃんは秘かに期待している。

さて、エッセイ「恐るべし、目刺し弁当」と「ゴマメの歯ぎしり」に話を移そう。

私も今は、デパ地下に出かけることもなくなって、ホームで提供される食事以外というと、近くのスーパーで買ったものかコンビニのその季節折々に棚に並んでいる商品ぐらいだ。しかし以前はよくデパ地下に通った。駅弁コーナーの催事となるとデパ地下の一角では不十分で、たいがい最上階の大きな催事場に設けられていた。

あれにしようか、これにしようか、味と値段を考えて迷うのが常だった。しかし唯の一度も「目刺し弁当」にはお目にかかったことはなかった。「週刊朝日」の東海林さだお氏のエッセイで知った。今どき、そう今どきである、「目刺し弁当」が存在するのだ、驚きである。目刺し二匹、タクアン二切れ、おにぎり二個で五百五十円だという。なんと安いことよ、ランチだってキリでも七～八百円はする時代にだ。この弁当が催事場いっぱいに並ぶ弁当コーナーの中で堂々と一角を占めているというのだから（機会があったら、私はぜひこの貧たる王者「目刺し弁当」を食してみたい）。

この弁当は、菊太屋米穀店製で、おにぎりの業界では有名な店だという。

ン、そうか、私はここで頷いた。私はこのホームを「贅沢な姥捨山」と小声でつぶやいているのだが、このホームを経営している企業は、介護業界では老舗と言っていい。全国規模で老人ホームを運営している。私が生活していて「さすが！」と合点することも多々ある。これは多くのデータを持ち、多くのノウハウを蓄積しているからだろうと推察する。

老舗米穀店と老舗老人ホーム企業には共通項があるようだ。となると、「ゴマメの歯ぎしり」の私と、「目刺し弁当」にも堂々と渡り合っているという共通項がある。

ここで私はちょっと苦笑いをし、それでも胸を張ってみせるのである。なぜか目刺し君とえらく仲良しになった気がして、「お互いに頑張ろうね」と励まし合った。

ウェルカムボード

ホームの入口には「ウェルカムボード」が立てられ、ショートステイをはじめ入居してくる人と家族を出迎えている。その日訪ねてくる人の個人名が書かれて迎え入れてくれる。訪れる人にとっては自分の名前で歓迎されているので、やはり「おもてなし」を感じるのではないか。そのボードには「心温まる時間をくつろいでゆっくりお過ごしください」というメッセージが書かれていた。

私が見学、入居してきた時にはなかった「ウェルカムボード」である。

一月の末、ショートステイで一人の男性が入居してきた。私とはちょっと離れた男性二人のテーブルに案内されたようだ。男性同士がいいとホーム側が判断したのかは知らないが、私はちょっと安易な決め方だなと思った。前から座っている二人の男性は会話をするわけでもなく、黙々と食事を終えると、一人は杖をつき、もう一人は歩行器でスタッフに付き添われてダイニングを後にした。同じテーブルという以外、何のつながりも見られなかったからだ。

三日目、朝食前の私のテーブルに真人君がやってきた。

「北沢さん、ホーム長には伝えてありますけど、今日から姥名さんにこちらのテーブルに移っていただくことになりますがよろしくお願いします」

私は男性女性の差別はしておらず、むしろ専業主婦できた女性よりは社会で働いてきた男性の方が、話が合うことが多かった。

姥名さんは左半身に多少のぎこちない動きはあったが、見るからにおシャレで明るい印象の人だった。ジーンズに赤味のシャツ、その衿には刺しゅうが施されている。ホーム内では一般的に無難な暗い色彩の服が多いので、目立っていた。

次の日である。真人君が私の元にやってきて、

「北沢さん、姥名さんとはお話ができましたか」と聞いたので、

「ええ、とても気さくな方で、私たちとの会話を楽しんでおられたと思いますよ」

と、そのままの印象を伝えた。

するとその二日後、また真人君に聞かれた。

「北沢さん、姥名さんはどんなことを話されたんですか」

それで、姥名さんは名古屋の出身だということ、前の二人の男性のテーブルでは姥名さんの方から話しかけてもなんの反応もなかったので、私のテーブルに移って会話のやりとりができたことを喜んでいたことなどを伝えた。

実は私の夫も高校二年の時に名古屋から転校してきたことを話すと、姥名さんもさらに打ちとけて話が盛り上がったことなどを伝えると、真人君は、

「よかったですね。お話し好きな方だと聞いていたのでちょっと心配していたんです」

と言い、安堵の表情を見せた。

入居者をよく見ている真人君に、私は正直驚いた。彼は去年の四月に入社した一番若いスタッフだったからだ。しかも大学ではフランス語を専攻し、在学中に茶道をたしなんだという、介護とは全く縁のない大学時代を送ってきているのだ。彼の人に寄り添う介護は、姥名さんの入居当初の席の移動を実現させ、ホームの生活に馴染めそうか、楽しめているか、そのフォローにまで及んだのだ。

「ウェルカムボード」に書かれたメッセージは、単なる表現ではなく、まさしく心温まる時間をくつろいで楽しんでくださいを、この一番若いスタッフが実践したことが私にはうれしかった。もっとも、これまでの真人君を見てきて、人に寄り添う介護をしているスタッフの中に数えられる一人だったから、私は彼のその言動を意外だとは思わなかった。

姥名さんに真人君のことを話すと「あんな若い子がね」と言ったが、そこには感謝の心が溢れていた。その時私は、彼が「茶道倶楽部」を主催していることも伝えた。すると、「関西の方では、茶道をする人が多いんですよ。私も父親がしていて、それを見習うよう

にやっていましたからね」
この「茶道」が、さらに姥名さんと真人君のつながりを深いものにしたことは言うまでもない。姥名さんの、次回の「茶道倶楽部」出席が決まった。

しかし、真人君の新しく入ってきた入居者のフォローは姥名さんにだけではなかった。その直後、やはりショートステイで入居してきたお話し好きのおばあちゃんがいた。九十七歳という高齢にしては、スタッフが付き添いはするものの、ひとりでサッサと歩いているし、テーブルに着くと他の入居者にしっかりと挨拶をしたのだ。挨拶をするのは当然と思うかもしれないが、黙ってやってきて黙って座り、黙って出て行く人が多いのがホームの光景である。

このお話好きのおばあちゃんWさんの斜め前には増沢さんがいた。片方の眼が多少不自由な上に耳も遠いが、話の相手としては十分なやりとりはできる人だ。

話好きのWさん、早速増沢さんに話しかけていた。増沢さんが耳の遠いことを知ったのだろう、立ち上がってテーブルに上半身を乗り出すようにして話しているのだ。一人で黙って座っていられる人ではないようだ。この四人掛けのテーブルで、この二人は対角線の対面で会話をしていた。と、そこに真人君がやってきて言った。

「Wさん、お話しするなら右側の椅子の方がいいですね」

それで二人は正面で向かい合うことができ、ほんの少しだが間隔が狭まった。間隔はわずか二十センチ縮まっただけかもしれないが、真人君が二人を見て動いてくれたその心遣いは、私には長距離恋愛の二人が同じ街に戻ったのを見た思いだった。

老親をホームに入居させた家族は、誰しも親が孤立していないか、楽しめているだろうか気になる。Wさんの娘さんが様子を見に面会にきた。たまたまWさんの部屋の前の廊下で出会ったので、私はそのまま部屋に招き入れられた。そこで真人君のやさしい心遣いを話した。身を乗り出すように聞いていた娘さんが喜んだのはもちろんである。

テーブルの上にはホームの案内の栞が置かれていて、その話を聞いた娘さんは、ホームのスタッフが写真入りで紹介されているページから真人君を見い出し、母親に指し示しながら、「おばあちゃん、この人が森、真人君ですよ。おばあちゃんがお向かいの人と話しやすいように席を動かしてくださった方」

写真は小さくて鮮明にはわからなかったようだが、Wさんは何度もその写真を指でなぞっていた。名前と顔が一致して覚えられると、親近感はもとより安心感を持つことを私は入居時に体験していた。

その後、娘さんが面会にきた時こんなことを語った。

「おばあちゃんをこのホームに入れてよかったと思っています。老人ホームでおばあちゃんが笑うなんてことは、考えていませんでしたから」

さらにこうつけ加えた。

「母が弟と一緒（ということはお嫁さんと一緒ということだろう）に暮らしていた時は、おばあちゃんが昔の話をしても、それも同じことを何度もですものね、家族はまともに相手になってくれませんからね」

年寄りは昔の話しかできないと言っていい。しかし向かい合った相手のおばあちゃんも昔の話をする。それも聞いたそばから忘れてしまうのだから、同じ話でも初めて聞く、新鮮な話であることはほぼ間違いないようだ。

「おばあちゃんをこのホームに入れてよかった」という娘さんの言葉を、私は親しいスタッフに伝えた。スタッフたちが喜んだのは、老人ホームで働く意義、そして自分の仕事が評価されたことだと思う。

昔、私は息子を保育園に預けて仕事をしていた。その時に保母さんが「連絡帳」に園での息子の様子、友だちとのやりとりや保母さんに話したことなど、私がいない、見えない園での様子はなによりの楽しいことだった。それは園、そして保母さんたちへの感謝と言っていい。

ホーム小話②

なんで、すべて「三」なの

このおばあちゃん、自分の嫁はいい嫁と褒めちぎる。確かに明るく気さくでいいお嫁さんだな、と私も思っている。

しかし褒めるのに「世界一」「日本一」と言うならわかる、しかしこのおばあちゃん「日本で三番に入るよい嫁」と自慢する。なぜ三番に入るのか、何かのデータがあってその三番目にランクされたのか、まさかそんなことはあるはずない。

お嫁さんが三番のうちはそれとして、ともかくこのおばあちゃん、何でも「三」が必ずつく。着ている服は高島屋で「三十」年前、「三」万円で買ったと言う。入居後の月額生活費は「三十」万円と思っていて、年金は二十三万円だからこの差額が心配だと言う。

なぜすべてに「三」がつくのかわからない。「七」ならラッキーセブンということもあるのに……？

WBCに沸いた日　そして「風の盆恋歌」

スポーツの力はすごい、素直にそう思った。

私の記憶に残っている人生では、運動、スポーツとは無縁の人生だった。無縁と言うより、常に競争が伴っているためにも全くネガティブだった。走ればビリ、ドッジボールでは標的にされるだけ、投げても力のないボールは取られてしまう。ボールを投げても思った方向とはトンチンカンの方へ飛んでしまう。鉄棒であの格好いい逆上がりは、とうとうできず終いだった。

高校生になると、背の高い私の徒競走ビリは目立つ。自意識の強い私は、運動会が近づくと憂うつで休むことばかり考えていた。苦痛でなかったのはマラソンと遠泳だけ。私の出た高校は多摩川辺りに尽生園というグラウンドを所有していて、年二回、クロスカントリーと称した小規模のマラソンが行われた。瞬発力や敏捷性を必要としないこのマラソンは、まあまあの成績でむしろ稀な楽しみさえ味わった。

高校には温水プールも設備されていた。しかし、疎開した信州には川も海もなかった。小学三年で東京に引き揚げてきた小学校にはプールがあった。水着など誰も持っていなかった時代で、しっかりした記憶ではないが、下着のパンツでプールに入っていたのではないか。ここでも海も川もない田舎から転校してきた私は水泳に馴染めず、楽しんだという思いは全くない。自分が水に浮くということは考えられなかった。それでも沈まないというところまではいっていたようだ。

中学は二部授業も行われ、一クラス六十名の生徒が七クラスということを経験したくらいだからプールなどなく、友だち間でも「泳ぐ」ということは聞いたこともなかった。

こんな私だから、温水プールを備えた高校のプールの時間は苦痛そのものだった。一年の夏休みには、千葉県の勝浦に所有する至大荘という施設での合宿が組み込まれていた。その中に「遠泳」があった。沈むことはないが、とても泳げるというレベルではなかった私は、赤いハチマキをさせられた。要注意の生徒ということで、教員や水泳部の生徒が私の前後を泳いでいた。

ただマラソン同様、瞬発力、敏捷性を要求されないし、私の唯一泳げる「平泳ぎ」なので苦痛ではなかった。持久力だけが頼りだった私は、クロスカントリーレース、遠泳をともかくもやり遂げたという達成感だけは未だに快く思われる。

高校を卒業したことで、運動、スポーツから解放された思いを持っている私だから、テレビに映るスポーツにも関心はなかった。それでもオリンピックでの試合、サッカー、ラグビーなどは機会があれば見る、楽しむ程度にはなっていた。

その私が、今回のWBCだ。もちろん野球のルールも知らない私は、テレビで見る大谷翔平、村神様、ダルビッシュ有、それと私のタイプ（？）佐々木朗希の「カッコイイ」を見たいという、まるっきりのミーハー族である。

私と同じく野球のルールも知らない綾野さんも熱狂した。特にメキシコ戦に勝ち、次は決勝戦、対アメリカだ。正直、アメリカには……という思いを持ってその日を迎えた。敗けた時のショックを少しでも減らそうとする防衛力だろう。

この大イベントであるWBCも、老人ホームではワクワク、ドキドキしてテレビを食い入るように見たのは何人いたのだろう。少数派の熱狂ニワカファンとスタッフたちはこの接戦に朝から興奮していた。私は、「今日一日は老人ホームも臨時休業致します」と玄関に表示したらと冗談まじりで言った程だ。それを聞いていた保利さんが、「北沢さん、そういうことは証拠が残らないように貼り紙などしないで口頭だけにした方がいいわ」と大真面目に言ってみんなを笑わせた（このところ保利さんは、頑ななまでに部屋に閉じ籠っていたので、私はちょっぴり安心した。これもWBCの力だ）。

「それにしても、日本人選手はみんないい顔をしているわね」

とつけ加えると保利さんから、

「心は必ず顔に表れるのね」

と珍しく彼女らしい言葉が出た、これもまたWBCの力に違いない。

私はこの試合をティールームの大きな画面で見た。部屋のテレビより迫力がある。私と並んで男性入居者の岩田さんが陣取っていた。ふだんの私は、ティールームでテレビを見ることはない。それで岩田さんとは初めての隣同士ということになる。メキシコ戦、アメリカ戦では、私たちは固唾をのんで身を乗り出し、歓声も同時に上げた。

決勝戦で日本が三回目の優勝を果たした瞬間、野球場の選手たちは一斉に飛び上がり、抱き合い、歓声を上げた。しかし、この老人ホーム、終の棲でも、岩田さんと私も立ち上がった。近くにいたスタッフも選手たちと同じグラウンドに立っていたのだ。

決勝戦のさめやらぬ興奮に全身を包まれて、私はダイニングに向かった。疲れ果てているにもかかわらず、テーブルに着いても私の顔はゆるんでいたと思う。

すると、ダイニングの入口で私に向かって手を高くあげた男性がいた。岩田さんだ。彼はそのまま、まっすぐ私のテーブルにやってきた。そして再び高く手をあげたので、私も立ち上がってハイタッチした。こんなことをする人とは思ってもいなかった私が、びっくりしたのは当然だ。

その夕食が終っても、私たちのテーブルはWBCの興奮に沸いていた。そこに割り込んできた男性がいた。岩田さんだ。高く手をあげた。私もすぐに立ち上がった。そしてハイタッチ。しかもそのハイタッチは二度だった。岩田さんは満面に笑みを浮かべていた。

その時、隣のテーブルの弘田さんが言った。

「北沢さんにもボーイフレンドができたわね」

ホームのどまん中で、それ迄つながりもなかった者がハイタッチをする仲になった。それはWBCを並んで観戦し、同じ興奮の歓喜の時間を共有できた、まさにその力だ。

ニワカボーイフレンドにさせられてしまった岩田さん、入居当時はいつも帽子をかぶりカバンを下げてダイニングに下りてきていた。なんとも奇妙なスタイルだ。ダイニングを出ると、玄関口の椅子に座って外を見ていた。私はこの人は家に帰りたくて、すぐにでも帰れるように帽子とカバンを持っているのだと思った。家に帰りたい思いは、男性も女性も同じということを改めて思わされる光景だった。

この岩田さん、歌が好きで音楽、歌のアクティビティには必ず参加している。二階のティールームではカラオケである。マイクを手離さないのが岩田さんだ。私は肺に疾患があり常に息苦しさがあるので、話すだけでも負担を感じ、歌うのは禁物である。その私が、カラオケの終わり近い時を見計らってスタッフにリクエストする歌がある。「風の盆恋歌」である。石川さゆりが歌うこの曲は、なかにし礼の作詞だ。

なかにし礼は、私の高校の二年先輩だった。音楽部の部長を務めていたなかにし礼が、薄暗い講堂で指揮棒を振っていた後ろ姿は今でも鮮明に覚えている。どこか翳のある青年だった。後に有名な作詞家になるなど考えもしなかったが、「風の盆恋歌」が彼の作詞だと知ってから、私の中で彼の指揮棒を振っていた背中が光を浴びて浮かび上がった。石川さゆりが歌うこの「風の盆恋歌」のなかにし礼の作詞が凄い。「天城越え」や「涙の連絡船」は馴染みのある歌だが、私には「風の盆恋歌」に歌われている情念のすさまじさに魅了されるのだ。

風の盆恋歌

なかにし　礼 作詞
三木　たかし 作曲

蚊帳の中から 花を見る
咲いてはかない 酔芙蓉《すいふよう》
若い日の 美しい
私を抱いて ほしかった
しのび逢う恋　風の盆

私あなたの 腕の中
跳ねてはじけて 鮎になる

この命 ほしいなら
いつでも死んで みせますわ
夜に泣いてる 三味の音

生きて添えない 二人なら
旅に出ましょう 幻の
遅すぎた 恋だから
命をかけて くつがえす
おわら恋唄 道連れに

ホームのカラオケでこの歌を歌うのは岩田さん一人。カラオケの常連だったことをうかがわせる彼の一面である。

爆睡は若者の特権？

ホームで目につくのは、眠っている人が多いことだ。常時眠っていると思われる人もいる。ダイニングに来ても、食事が運ばれるまではテーブルに頭をのせるような姿勢で眠っている。アクティビティに連れてこられてもほとんど眠っていて、そのまま部屋に戻される人もいる。

眠ったまま往復したとしても、私はこうしたことは必要だと思っている。場所を移すこと、テレビの声ではなく入居者の声や動きを感じるだけでも、何らかの変化を与え、多少の刺激があるだろうと思うからである。

こう言う私もよく眠る。少なくとも八時間から九時間はベッドに横たわっている。不眠症ではないが夜中にトイレに起きた時、たまにいろいろ考えてしまうと眠れず一時間以上も過ごすことはあるが、こうした時は明日また考えようと頭を切り替え、シープ、シープと二回呪文のように唱える。昔から眠れない時には羊が一匹、羊が二匹と数えるとよいと聞いてきたが、あれは私の経験では全くダメ。数を数えていることで、逆に眠りに落ちることが遮られてしまう。羊は英語でシープ。それでシープ、シープと言ってみると、この方がずっと効果的なことが体験的に証明された。

以前ホームの看護師に年寄りの眠りについて質問した時、交感神経と副交感神経で説明してくれたが、それだけでは説明できないように思っていた。その後、私が家にいた時にお世話になった眼科クリニックの女医先生に聞いたことがあった。この先生のご主人は心臓の専門医だったが、勤務していた総合病院を退いて内科のクリニックを開業され、この時に並々ならぬお世話をいただいたことがあった。その時に女医先生からいただいたご返事をそのまま書き移させていただく。

睡眠については、レム睡眠とノンレム睡眠のリズムが、年齢と共に乱れ、メラトニンというホルモンの分泌も減少してきます。なかなか深い眠りが出来なくなり、さらに活動も減少してくるので、まるで常時眠っているかの状態になる方も見受けられます。外の世界の刺激を沢山受けることで、このような状態を避けることが出来るとは言われておりますが……。

今現在が自分にとって一番若い時と自覚して、それなりに頑張るしかありませんね。ホームは確かに閉ざされた世界ではありますが、一人暮らしの環境の方と比べる

とまだそれなりに一社会になっており、恵まれているとも考えられます。〈後略〉

この女医先生は、近所でも信頼の厚い先生だった。それは面倒見のよい、やさしい先生だったからだ。ある入居者が言った言葉、「技術も大事だけれど、年をとるとやさしさがほしくなるのよ」を思い出した。

眠ること自体エネルギーを必要とするのだろうか——というのは夜勤明けのスタッフから「爆睡」という言葉をよく聞くからだ。帰りの電車で爆睡して終点まで行ってしまったと。まさに爆睡だ。

しかし年寄りの眠りの様子を見ると、決して「爆睡」ではない。「眠りこけている」という表現の方が適当だ。

爆睡は若者の特権？　というのが、今のところ私が得た眠りについての回答である。

ホーム小話③
「越すに越せない川」がある〈その一〉

最近イタリアさんは、唐突に何かを言い出すことが多い。この日も、

「あなたって意地悪ね、私、ずっと待っていたのよ」

私の方も心得ていて、まず彼女の言っていることを受け入れる。

「ああ、待っていてくださったのね。でもあそこは、歩いて行くにはちょっと道も急な坂があるので下調べに行ってたの。階段もあるし無理だと思ったわ」

「だって、私二本の脚があるのよ、それも健脚なのよ！」

イタリアさんを車椅子から椅子に移動する時、どのスタッフも足を開いてふんばっているのにだ。

あっ、この本人とのギャップ、「越すに越せない川」があるのだ。

ホーム小話④

「越すに越せない川」がある〈その二〉

「何でこんなになっちゃったのかしら」

綾野さんが解せないという表情でこう言ったのだ。私もそうなのだが、体もその動きも弱っていることが自分ではどこか納得いかないのである。

「なんで」って八十年、九十年の年月を重ねてきたからに決まっている。その年月のせい。知らないわけではない。知っているけどどこか納得できない、その隔たりがトンチンカンを生む。

私の姑は、八十代半ばだった。夜中に愛犬の散歩に出た。おまわりさんに「おばあちゃん、おばあちゃん」と声をかけられたが、まさか自分だとは思わなかったという。おまわりさんがポンと肩をたたき、「おばあちゃん、こんな夜中に大丈夫ですか？」と言われ、初めて自分のことだったのかとわかった。

客観的事実と自分の認識の間にはこうした、「越すに越せない川」がある。

家庭での介護 息子あるいは娘が老親を看《み》る

このおばあちゃん、スタッフの付き添いはあったが、一人で歩いてダイニングに下りてきた。このおばあちゃん、多く見られる黒っぽい服装とは違って、なかなかシャレたものを着ている。下はジーンズぽく、上から羽織っている長めの上着は、今どきの若者でも着ているようなものだった。

「家では自由に歩くこともできなかったのよ、何かというと、『おばあちゃん、椅子に座っててよ、動かないの！ 転んだら痛い目に遭うのはおばあちゃんなんだから、知りませんよ。何回も言わせないでよ』なんて子供が言うんですよ。嫁はこんな言い方はしませんけど、同じ気持ちだったのはわかりますよ」

危なげではあっても、一人で歩ける（と思っている）おばあちゃんの本音である。家族による介護の一端を見た思いだった。

現代社会の環境は、年寄りには決して快適でないことが多い。特に家電製品。私も、ホーム入居半年前に電子レンジを買い換えた。量販店で他の買物のついでに、店員に勧められるままに新しい電子レンジを買った。多くの機能を備え、多種の料理のレシピに合わせ調理できるという、働く女性にはうってつけの商品だったに違いない。それまで私が使ってきた電子レンジには、温める、解凍、トースターの三つの機能がついていた。解凍は冷蔵庫に移して自然解凍していたので、実際に使っていたのは二つの機能だけ。新しいレンジでは、その多機能のトリセツを読むという段階で私はまず脱落。結局古いレンジと同じ二つの機能しか使わなかった。価格は忘れてしまったが、ベラボウに高かったことだけは覚えていて、今思い出しても腹立たしい買物だった。

駅の券売機、銀行のATMも然り。こんな年寄りが息子や娘と一緒に生活すると、「安心安全」を盾に、「おばあちゃん、使っちゃダメよ!」ということになる。

高齢者人口は増えても、利用しない、使えない年寄りは市場的には対象から外される。それと反比例して介助介護関係の市場が膨らんでいくのは、私的にはなんとも皮肉な思いがする。

それを実感しているのが、ホームでの生活だ。ホームでは常にスタッフが見守っていて駆けつけるので、「立っちゃダメよ!」「危ないでしょ!」「何度言ったらわかるのよ!」を聞くことはない。それにけっこう重労働な掃除、洗濯、調理から解放されているので、老人ホームはさすが年寄りにはなんとやさしい居場所かと思い知らされる。感謝、感謝。

私の知人友人間で息子あるいは娘が老親を看た人がいないわけではなかったが、そこから得られる情報は断片的で、この章の見出しには不十分であった。

唯親しい友人がお姑さんを看送って、その後自分の母親を引き取った時の話は大いに頷けるものだった。

お姑さんの介護の時は、夫に対する気づかい気兼ねは全くなかった。夫は妻に感謝と多少でもすまない気持ちがあっただろうし、彼女にしてみれば看てあげているという思いが心のゆとりになった。

しかし、そのお姑さんが亡くなって、今度は自分の母親を引き取った時には、夫が家にいる時間は常に夫の気持ちが気になったという。それに自分の老母にしてみれば婿《むこ》の家に同居しているという負い目があったようだ。ある日、老母が粗そうをし、それを婿が帰る前に片付けようとしたのだろう、却って汚物をあちこちに広げてしまった。彼女にするとそのような行動に出る老母が不憫でもあり、広がった汚物を始末しながらの腹立ちをどうしようもなかったという。それが一度きりということはない、それが彼女の大きなストレスになった。

息子あるいは娘が老母を看るということを知るために読んだ本がある。その中の一冊、『母さん、ごめん。50代独身男の介護奮闘記』（集英社文庫）より引用。

普段私達はこの当たり前の事実を忘れてきている。曽祖父母、祖父母、父母と衰えては去って行く過程に立会うたびに改めて気がつきそしてまた忘れる。父母が去れば次は自分の番である。

老母と同居の作者は、まず通販商品のラッシュにぶち当たる。白髪染め、関節痛に効くという健康食品、目に良いというサプリメント、アミノ酸たっぷりと宣伝する酢、滋養強壮抜群を売りにしたカプセル剤——これらの物が棚の扉を開けるとはじけるようにこぼれ落ちる。老母は買ったことを忘れ、また注文していたようだ。

これと同類のことはホーム内でも見た。上半身は前に傾いているが、歩くのは速いおばあちゃん。食器や手を拭くペーパーはホーム内では各所に置いてある。洗面所はもとより、廊下には共用のトイレがあるため、ドアの外にはペーパーが常に切れることなく補充されている。

このおばあちゃんはこのペーパーを一センチ、時には二センチ程の厚さの量を持ってきて、テーブルの向かいの入居者にその何分の一かを手渡すのだが、置かれたおばあちゃんも断わるわけでもなく、かといってそれを持ち帰って使うわけでもないので、厚みのあるペーパーはそのまま残される。その後そのペーパーがどう処理されるのかは知らないが、多分廃棄されるのだろう。これが毎日毎回だが、スタッフはペーパー程度のものなので見て見ぬ振りをしている。このおばあちゃん、自分の部屋に戻る時は、残った自分の取り分(?)は薄い座布団にはさんでダイニングを出る。

彼女の部屋の中のことはわからないが、毎日三回から数えると、山積みになっていることは容易に想像できる。常におばあちゃんが手渡していた相手のおばあちゃんのテーブルが替わると、そのペーパーは箸に替わった。食事が終わると、テーブルの上のティッシュペーパーに包んで持ち帰る。時にはスプーンまでも。

この情報はスタッフ間で共有され、食後にトレイを下げる時、「この箸はこちらできれいにしますので置いておいてくださいね」とやんわりと注意して箸を取り返す。しかし当人は一向に止める気配はなく、スタッフの方が食事の終わる頃合を見て箸を回収するようになったので、部屋に持ち帰られることはなくなった。

すると今度は、パンがその対象になった。トーストは一枚を半分に切って、つまり二枚の形で皿にのってくるのだが、この一枚をティッシュペーパーに包んで持ち帰るようになったのだ。これに気付いたスタッフは、「残ったものをお部屋で召し上がるとお腹をこわすことがありますので、召し上がれない分はそのまま残しておいてくださいね」と注意する。そのうちパンはごはんに替えられた。ごはんならティッシュに包むことはないだろうと考えての策だったのだろう。しかし時にはそのごはん、またある時は主菜の肉や魚をティッシュペーパーに包むようになった。

その直後だった。スタッフ三人とホーム長まで加わって、このおばあちゃんの部屋の大掃除をせざるを得なくなったようだ。水を入れたバケツを持って往来させているので部屋のドアは開け放されたままだった。私の部屋の向かいなので、私は出入りのたびに大の大人数人が床に這いつくばって掃除しているのを見た。冷蔵庫も棚も開け放たれ、床にはペーパーが山積みされ、ゴミ袋は大きく膨らんでいた。

収納場所の多い家ではと考えると、この作者に同情せざるを得ない。この作者はこの処理に奔走するが、老母はまた電話で注文する。このイタチゴッコの勝者は老母に決まっている。注文したことを忘れてしまうのだから。

以後、販売元の会社に電話をして商品の発送を断わったようだが、それは一社にとどまらないのだから関係のない私までもがため息をついた。

食事にも注文がつく。あれはまずい、これを買ってきてくれ、老母は当然のように注文をつける。自分で言っておきながらいざ食べる時になると、「食べたくない」と箸をつけない。食事の用意が難しい時に宅配サービスの食事を申し込んだが、これはまずいと云って全く受けつけない。これが実の母子であるがために言い方も直接的になり、これがさらにお互いの感情を逆撫でする。

老母の衰えが進むと失禁へ。初めの頃、老母はそれを隠し、失禁パンツを拒否する。失禁はさらに大便へと進む。老いの時間の推移は、多少の波はあるが不可逆なのである。

私は一度だけ紙パンツをはいたことがある。肺の疾患の治療薬、抗生剤の副作用があって下痢をする。この下痢がどういう時に起こるか自分のことなのでかなり綿密に頭の中にメモをしてある。

よく噛むことのできない麺類は要注意（麺好きの私には辛い）。食後二時間程すると下腹部が痛くなることが多い。下痢のサインだ。外出していなければすぐにトイレに走るので、このサインのおかげで失敗はない。

外出する時は、その前の食事は極力よく噛んで食べる。量は幾分減らす。それでも目的地に着くまでの時間を考え、その途中の公園などのトイレ、万一の場合借りられるコンビニとかスーパーのトイレ、タクシーは近い時は使うが、各駅停車の電車の方が万一の場合次の駅で降りればなんとか間に合う。それで各停利用に限った。

こうして今のところ多少は自分でコントロールできるが、これが意思表示ができなくなった時のことを考えると気が滅入る。これが毎日、毎回となることを考えたら、消え入りたくなる。

最近「おひとりさま○○」というキャッチフレーズを目にするが、人は「おひとりさま」

ではいられなくなる時がくる。「おひとりさま○○」は現実を知らないと、むしろ腹立たしく感じるこの頃である。

再び『母さん、ごめん。』より引用。

自分が壊れる時は必ず前兆がある。

今回の場合、前兆は「目の前であれこれやらかす母を殴ることができればさぞかし爽快な気分になるだろう」という想念となって現れた。理性では絶対にやってはならないことだと分かっている。背中も曲がり、脚もおぼつかず転んだだけで骨折や脱臼する母を本気で殴ろうものなら普通の怪我では済まない。殴ったことで母が死んでしまえばそれは殺人であり、即自分の破滅でもある。（中略）

悪魔のささやきという言葉があるがこのような精神状態の場合、間違いなく悪魔とは自分だ。そのささやきはストレスに精神がきしむ音なのだ。（中略）

気がつくと私は母の頬を平手打ちしていた。母はひるまなかった。

「お母さんを殴るなんて、あんたなんてことするの」と両手の拳を握り、打ちかかってきた。弱った母の拳など痛くもなんともないが一度噴き出した暴力への衝動を私は止めることができなかった。拳をかいくぐり、また母の頬を打つ「なんで、なんで、痛い、このっ」と叫ぶ母の拳を受けまた平手で頬を打つ。

平手だったのは「拳だともう引き返せなくなる」という無意識の自制が働いたからだろう。

私は息子が母親を平手で打つ、この場面を読んだ時泣いていた。この涙は母親に向けてではなく、平手で打つ息子側に寄り添った涙だった。

しかもこの家庭内の労働価値は全く軽んじられている。

怒りは相手を焼くだけではない。自らの身をも焼くのである。そしてその怒りは一度爆発すると手のつけられない激しさになる。ちょうど、火事で家の窓から火が吹き出して、その炎が空をも燃やすのに似ている。

私は『母さん、ごめん。』を、ホームの入居者とスタッフに置き換えて考えた。

スタッフと入居者は家族ではなく、他人である。しかもスタッフにとって介護は彼らの仕事である。自分とあるいは家族を支え、養うための職業なのだ。その下《もと》では労働基準法によって守られている。介護福祉士、スタッフは家庭内介護と違って、二十四時間、三百六十五日連続ということはない。シフトが組まれ、交代があり、時には二人で臨むこともあるだろう。

ボランティア精神が望まれる職業ではあるが、ボランティアではない。入居者、家族はそれ相当の報酬を支払っている。ここに私は恵まれている自分に感謝すると同時に救われた思いを持ってしまう。それが正当な報酬なのかは別にして、私的にはこれでいいのだと落ち着きたいのが本音である。

しかしここにどうしても、「地獄の沙汰も金次第」というネガティブな思いがつきまとって離れない。これはいかんともしがたい。言い訳のようだが、これに関してはこの差別が広がらないこと少しでも縮まることを願いながらも、ここでも人の無力さを痛感する。

人の尊厳てなんだろう、自分の尊厳てなんだろう、私には答えられない。できれば考えずに逃げ切りたいというのが正直なところである。

同級生が老々介護をした

正月が明けた日、光代さんから賀状を受け取った。彼女は私の高校の同級生だから、私と同年八十二歳。そのハガキには彼女の作品（絵画）、そして表の下欄には「そちらのお正月はいかがでしたか？　お天気がよかったけど、私は夫が退院して、十二月二十八日から今日一月六日まで一度も外に出たことがありません。薬の管理、食事、トイレと目が離せません」と書かれてあった。

娘さんたちの助けもあっただろうが、専業主婦の彼女が一歩も外に出られないという状況を、私は具体的にイメージできないでいる。この期間は介護施設など外の支援も休みなのだろうか。こうした支援と縁のない私にはわからないことだ。ただ大変だろうなという重い気持ちを感じながらも、具体的なイメージのない、いわば対岸の火事を見ている私であった。

老人ホームでは個室に食事を運んでもらう人を除き、多くの入居者がダイニングで食事をする。衰弱して自分ではスプーンを持てない、口に運べない人たちを私は見ることになる。また廊下では、私が出す二、三倍もの洗濯物を積んだ籠を、スタッフが抱えて運んで行くのを見ている。体が弱まると汚す物も多くなり、洗濯物が増えて、介護の重労働の一端となるのだ。

ティールームでは、唯々眠っているだけの人もいて、スタッフはおやつ以上に飲み物には気を使い、スタッフ同士が入居者の摂取した水分量の情報を交換し合っているのも知っている。脱水状態の危険は、テレビでも報道されている昨今である。スタッフは声かけをしながら、入居者の口に一口一口コップの水を運ぶが、それは私たちが「飲む」から思い描く「ゴクゴク」とは程遠い。ほんのわずか、舐めるといった方がいい人もいる。こうした先輩入居者たちを目の当たりにして、「人はこんなにも人の手を借りなければ生きていけないのか」という現実を見てきた。

しかし私の目に触れることのないドア一枚を隔てた向こう側、部屋での介護は知る由もない。深夜にも人の気配を感じ、うつらうつら浅い眠りの中で遠くに呼び出しコールを聞きながら、介護が行われているんだと思いながらまた眠りに落ちていく。

しかしこうした二十四時間の介護は、スタッフがシフトを組んで交代して行われている。夜勤を務めたスタッフは、昼前にはホームを出それぞれの家路を急ぐ。その翌日は休日を取る。有給休暇もあり、体調を崩した時には休むこともあるだろう。

しかし家庭での老々介護は、現代ではさまざまの外部のサポートを利用してはいるだろうが、その中心にいる人は二十四時間縛られているのが現状だ。その現状を光代さんは手紙で知らせてくれたのだ。

私が老々介護で一番に思い起こすのは、以前報道された悲惨な老々介護の結末である。一件は妻が夫を、もう一件は夫が妻を殺害（その一件は刃物、そしてもう一件は紐による絞殺である）、そして自らの命を断ったという結末の事件である。

この年代の高齢者は、家族の介護は家族が行うのが当然と考え、外にSOSを発信することをしない、あるいはその情報が届いていないのかもしれない。

長く連れ添った夫婦が介護の末、このような結末を迎えるのはすでに正気の沙汰とは思えない。つまり、正気を失っていく、追いつめられていくのが、老々介護ということである。

その後三月十四日、光代さんは、ご主人が亡くなったことを手紙で知らせてきた。「夫が病院を拒否、自宅療養を望んだ」ために、その気持ちを汲んで自宅で最期まで看取る覚悟を決めたという。余命を宣告されたという前提条件があったとはいえ、その一カ月余りの老々介護を書き送ってくれた。彼女の承諾を得てその記録をここにそのまま引用させてもらう。

美代さん

今は私は、精神的に不安定で涙っぽくなっています。というのも夫が一月十八日永眠しました。十一月下旬から八度台の熱を何度か出し、その都度訪問医の先生に臨時できてもらいました。毎回、貴女と同じようにコロナ・インフルを疑われ、先生は完全武装で検査をしていました。しかし毎回そのどちらでもありませんでした。もともと夫は二〇二〇年五月に腰椎を圧迫骨折して、寝たきり状態から私の在宅介護が始まったことは前に書きましたね。熱を出すまではトイレも自分で出来るようになり、理学療法士さんと補助器具を使いながら外歩きするまで回復していました。私は自分の年齢、体調を思うと今しかないと海外旅行を申し込んでいたくらいでした。訪問医は血液検査の結果、肝臓の値が高いので一度大きな病院で精密検査を受けてくださいとのことで十二月下旬検査入院しました。ＭＲＩで肝臓ガンが見つかり、「半年から一年くらいかもしれない。しかし個人差もあり肝臓ガンでも高齢になると進行が遅くて年単位でもつ方もいます」と言われ、それは主人にも伝えられました。

「お父さん、骨折するまでは休肝日ナシの大酒飲みだったから肝臓は仕方ないわね」と面会禁止の病院にいる夫と電話で語り合い、自業自得と本人も娘も納得していました。手術はできないので別の病院、ガンの緩和病棟のある所を紹介しますがという申し出を夫は拒否して、自宅療養を望みました。

退院日を決め、念のためにと最後に十二月十九日胃カメラをのみました。その二、三日後、夜に病院の主治医から、「この前お話した肝臓原発ガンではなく、進行胃ガンが原発で肝臓に転移したものでした。状況がまったく異なりました。一カ月です。もって一月いっぱいと思ってください。ご主人にはこのことは告げません。どうします？　このまま入院されますか？」と聞かれましたが、夫の気持をくんで自宅で最期まで看取る覚悟を決めました。

退院と同時に埼玉から娘家族五人がやって来て賑やかになり、十二月二十八日の訪問医来訪、十二月三十日看護師さんの介助で自宅風呂での入浴と続きました。

「ご主人に病名がついたので、私たちは介護サービスの介護ではなく、医療の分野になり料金が変わります。高くなりますが、今後は制限なく必要時に来ることができます。但し今までに出来たことも出来ないことがあります。一時間単位ではなく、医療行為が中心で、その作業の時間のみということになります。医療制度と介護制度別ですから、我々が使っていた点数を今後介護に回せます。奥さまが入浴介助は大変でしょうし、ご主人の体力もなくなるので、前のようにお部屋での訪問入浴サービスに切りかえた方がよいと思います」とアドバイスを受ける。

ケアマネさんに頼んでも、年末年始でどこもお休み、すぐには契約できない。一月十三日から来てくれることになった。

夫は幸せなことに、入院中でできなかった十二月十九日の八十五歳の誕生日を三十日に孫たちが唄とケーキで祝ってくれた。イチゴのショートケーキをうれしそうに口に運んだ。そして「残りは冷蔵庫に入れておいて、明日食べるから」と言った。

正月も夫は「嗜好が変わった」と言いながらも、雑煮やみそ汁の汁だけなど離乳食のようなものを少しだが自分で座って食べた。

夫は孫たちに私が用意しておいたお年玉袋を、それぞれ言葉をかけながら渡していた。六歳の子には千円札、四歳の子には五〇〇円玉が二個入っていた。すると下の子が「お姉ちゃんと同じ紙のがいい!!」と大泣き。ママが「お姉ちゃんは一枚、ボクには二個も入っているよ」と言ってもきかない。二歳違いは本当によくけんかをする。何でも同じでないといやなのだ。昔は数が多い方を喜んでいたのに。それで次の日、夫に内緒で「バアバからのお年玉」と、千円一枚、お姉ちゃんに二枚入れたが、もう同じ紙札だったので大喜び、満足げである。まだまだチョロいなと思った。

ところが後日皆でやれるTVゲーム機類を長女がプレゼントした。十二歳のお兄ちゃんがリーダーで教えて一緒にやっていたが、なんとお姉ちゃんを追い越して強くなり、今度はお姉ちゃんが弟に負けて大泣きし、最近ではお兄ちゃんと同等に張り合っているそうである。

先日も埼玉の娘が、「高校のクラス会があるが今迄一度も出たことがない」と言うので、「子どもを私がみてあげるから行ってらっしゃい」と子守りを引き受けたはよかったが、「バアバTVゲームやろうよ」と言われても相手ができない。お姉ちゃんは「バアバ、ケーキ作りたい」と言い出す。保育園で作っているそうな。これも私はダメである。昔みたいに絵本を読んだり、トランプのババ抜きや七並べで喜んでいた頃がなつかしい。良い悪いは別にしても、四歳の子がスマホの扱いもよく知っている。もうついていけません。

孫の話で横道にそれたけど、正月明けの四日には孫たちが帰ってゆくと夫は日に日に衰えていった。食もますます細くなり、私は何を食べさせ、どうやったら栄養補給できるかと悩む。「松の内」が過ぎると、訪問介護やリハビリの人たちが来てくれたが、歩行よりマッサージの方にしてもらう。

一月十三日、久々の部屋での入浴は三人がおり、「ご主人はお風呂好きだもんね」という会話がドア越しに聞こえる。夫もうれしそうで、なにより気持よさそうだった。しかし皆が帰るとどっと疲れが出たようだ。

夫はもともと頭だけはよく、記憶力もいいので、薬の名も私よりよくわかっている。痛み止めの飲み薬の効き目が長くもたなくなってきて、「痛み止めの○○をとってくれ」と薬品名を言う。しかしもうこの痛み止めは麻薬なので医者から数量と時間の管理を厳しく言われていて守らないと私が罪に問われるのだ。その都度医者に電話をし指示を仰ぐ。薬のせいで眠ている時間が増えると同時に目覚めている時も頭がボーッとしていて認知症と同じ症状が出る。

時々トイレに行っても自分がどうしていいのかわからずズボンのまま座ろうとしたり、そのままししてしまったり、文字通りパンツの上げ下げから介助が必要。さっき行ったばかりで出るはずもないのに行きたがる。ベッド脇の座敷トイレに行くつもりだったのか、目を離した隙にへたりこんで立ち上がれなくなったり、起こそうとするも老婆の私には大変。「紙パンツに替えて中にパッドしているから夜中は寝たままでしても大丈夫」と言ってもきかない。理解できないのか、習慣でトイレに行こうとする。

後に医者に聞いて知ったことだが、死が迫ると心の不安、自律神経の変調から誰しもたどる道だとか。一日百回もトイレに行く人もいるとのこと。トイレに行く体力のある時は物をひっくり返したり、こぼしたり、壊したりで、後片付けや掃除をしながら「まったく、もう！」と怒りの心が顔を出す。動く体力がなくなると便秘のための浣腸、下剤による下痢、オムツ交換も大変になる。

「塩分も何も気にする必要はありません。本人が食べたいもの、何でもあげていいですから。皆さんアイスクリームはお食べになりますよ」と言われていた。

今まで食べられていたゼリー類も食べなくなった時、わかっていても何とかして栄養をとらせようと思ってしまう。確かにアイスクリームは、最後までスプーンで口に運んであげると食べた。

一月十四日（土）　飲みこみがうまくいかず、痛み止め薬を飲むことが難しくなった。たまたま埼玉の娘がペットボトルの水を抱きかかえながら飲ます。結果、夫が口にした最後のものとなった。

今は毎日来てくれる看護師は訪問医とは別で、リハビリや看護サービスの契約をしている会社からの派遣である。夫の様子を見て、座薬か点滴に替えるアドバイスを訪問医に入れてくれた。

土曜日は近くの薬局も二時に終わるので処法対応ができない。夜八時頃訪問医が医者の近くの薬屋さんを伴って現れた。総武線の平井駅の近くの薬屋で我が家からは遠いが、今後医師の指示で時間に関係なく薬を自宅まで届けてくれる契約を結んだ（こういうシステムも私は知らなかった）。

医者は診察して点滴用の機材をベッドに取付け、点滴の速度、量などもろもろ説明指示して「今迄のようには会話は無理になります」と言った。この点滴はモルヒネのようであった。夫は無口で必要なことも話さない人であったが今迄よりこの何日かの方が話をしたように思う。私はともかく痛みからは夫を解放してあげたかった。

座薬は二年半前に倒れた時経験はあるが、当時と違ってここにきて急激にやせたので、お尻の肉は落ちてぞうさんのようにしわが深く肛門をさがすのが大変（笑）。深く押し込むのは慣れたので医者に褒められる。もう口から飲むことはないので、残った薬は数を数えて全部引き渡す。

アイスクリームをほんの少しなめさせる。お水はガーゼに含ませてしゃぶらせる程度になった。医者は一日の尿の量が一日一〇〇ミリ以下になったら近いと思ってくださいと言った。

台所の秤で使用前、使用後の紙オムツの目方を計ったりした。土、日は娘がいるのでオムツ交換は二人がかりで向きを変えたりして行った。

一月十六日（月）からは私ひとりなので介護士さんが手伝ってくれたが、ケアマネさんにオムツ交換のための介護ヘルパーさんの契約を提案、連絡してくれた。

一月十七日（火）、男性ヘルパーさん二名がみえて、明日から一日二回（朝晩）オムツ交換の契約を結んだ。二人がかりで取りかえてくれたが、交換時オムツをはずしたらしてしまってシーツを濡らす。男の赤ちゃんてよくそういうことがあったなとなぜか思い出す。「シーツがそれだけ漏れたということは一〇〇ミリ以上あるわね」と言うと、はずしたオムツを計ってくれていて「大丈夫です」と言う。なぜかホッとした。

その夜、痰がからんで苦しそうなので、なんとかしてあげようと試みるがうまくいかない。夜中の一時半、時間も考える余裕なくて医者に電話すると、「旅立ちが近いしるしです。痰をとる機材は医療ではなく介護の分野です。ベッドや歩行器を借りている介護業者を通じて借りることになります。でも今から手配しても一週間はかかるでしょう。痰は無理に取っても次から次へと出てきます。何があっても奥さんの責任ではありません。本人が少しでも楽になるように、身体を傾けて背中に座布団か何か当てて下さい」

横向きにすると確かに少し楽になったようだ。私は夫の手を握り、涙をぽろぽろこぼしながら「ねんねんころりよ～おころりーよ」と子守歌を歌い続けました。そしてベッドで少し休みました。

一月十八日（水）、朝覗くと、ちゃんと息をしていて痰のゴロゴロもしていないのでホッとした。九時三十分近く昨日契約した男性ヘルパーさん二名がやってきました。ベッドの柵に三人手をおいて「ご主人、オムツを交換させていただきますね」と声をかけ、私も「お父さん、新しいのに交換して気持よくしてもらおうね」と言うと、普通に息を吸ってそのまま……。

「ええっ？　息を吸って戻りがないよね、これってもしかして逝ったってこと？」

と言うと、看護師資格のその人はすぐに脈をとり、「私はケアマネに連絡しますから奥さんは先生に連絡して下さい」と言う。医者は平井の方から駆けつけ、検査をして、「私の時計で十時十八分お亡くなりになりました」と言って、死亡診断書を書いてくれた。死因：胃ガン、病気発覚後一カ月と書かれていた。

胃の内視鏡検査を十二月十九日に受けてから、まさにちょうど一カ月であった。覚悟していたとはいえ、こんなに早くこんなにも簡単に逝ってしまうとは思いもよらなかった。長引くと私が困ると思って、夫が最後にしてくれた「妻孝行」だったのかもしれない。

育児も介護も看護も、施設であろうが在宅であろうが二十四時間なのである。子育ての頃、夜中におっぱいをあげながら、「あー、通しで眠ってみたい」と思ったものである。

在宅は誰か責任をもってお世話する人がいること、訪問医、訪問看護師、訪問リハビリ、訪問入浴サービス、訪問ヘルパー、ケアマネさん、それぞれ異なる分野で所属も会社も異なる人たちが、患者を中心に完全に情報を共有し連携して成り立つことだと実感しました。

しかしこれからは、若い人たちが少なくなり高齢者は増える、自宅で看取りまでというのは多くの人が望むことではあるが、内容を充実させ、より行き届いたサービスは難しくなるのではないかと思う。

働く人にとっては効率が悪い、移動の困難さ、労働時間、報酬面、安くはない、雨、雪の中でもバイクを飛ばしてやってくる、お腹の大きな産休直前の妊婦さんがバイクで来た時は、驚いてこちらが気遣ってしまった。誰かが休みを取ると代替に多く回らねばならない。自転車や歩きでは時間がかかるので、会社でバイク移動が決められているそうです。

介護する側の家族の負担も大きい。食堂のおばさん、洗濯おばさん、お掃除おばさん、事務屋さん、介護士さん、看護師さんなど、私、何役こなしただろう（北沢註＝ちょっと待って、私と同年だから立派なおばあさんだわね、すると食堂のおばあさん……以下同類）。

一カ月という期限つきだったから、私も覚悟して最後まで面倒みることができた。それでも不眠症で体調はよくありません。老々介護は厳しい。愛情があっても六カ月以上は無理ではないかと、相手を憎む感情が生まれるのではないかとさえ思います。

医療従事者、介護従事者の保護、報酬、社会的認知を訴えたい、すべて「人」である。十分な人手が必要、働く人たちの健康も大事である。人に信頼され、人にやさしく誇りをもってこの仕事を続けられるように、後に若い人が望んで続くような状況になることを願っている。

私も夫も彼らに助けられた。ありがとう、あなたもホームで働く人の大変さを認め、書いていらっしゃいましたね。（中略）

人が読んだら手紙ではなく、単なる私の日記ですが誰にも話す人がいないのでつい吐露してしまいました。ここまで読んでくれてありがとう。

いつまでも泣いていても仕方ない。元気をだそうと思います。

実の妹は特養に入居して、コロナで二年以上会えないでいるので気になって昨日電話をいれると、先日二十七日に脳梗塞で倒れ、半身麻痺でまだ入院中とのこと。しかし物を食べないし点滴を外してしまうので、このまま何も食べなくなると、一、二週間ということもあると言われたとのこと。夫に続いて妹も逝ってしまうかもしれないと思うとまた涙が出ます。

しばらくはまたお便りできないと思いますが、いつか元気でお会いしましょう。

三月十日　光代

光代さんを中心としてご主人の人生の最後が、こんなに多くの人々に支えられてのものだったということは、私にはまさに衝撃であった。同時に光代さんが、ここまで赤裸々にその記録を書き送ってくれたことに感謝した。

私がテーマとしてきた「介護」「老人ホーム」も、在宅の老々介護の現実を知らなかったら、この私自身のなかで浮き彫りになることはなかっただろう。

現在の私のホームでの生活は、私はまだ人生最後を迎えていないが、それでも彼女が自身の身をもって体験した老々介護に照らして書く必要があるように思った。

食堂おばあさん、洗濯おばあさん、掃除おばあさん、それにまつわる用事おばあさんから解放されている。それだけではない、リハビリ、アクティビティも用意されている。ゆとりある生活だ。

このホームでは、眼科、歯科、内科、皮膚科にいちいち予約をとる手間をかけずにかかることができる。医療関係以外でも、理学療法士、出張美容などがある。電話で予約をしたり、出向いても待ち時間はかなりあってその手間は年寄りには負担だ。これらの多くの人たちに支えられているのがホームの生活である。

しかし、こうした老人ホームにすべての人が入れるわけではない。何かにつけて頭をもたげるのが「経済的な背景」だ。私は自分が恵まれていることには深い感謝の思いをもっているが、その裏に「地獄の沙汰も金次第」という声が聞こえてくる。これは人生、生きている限りつきまとう重い課題でもある。

自身の老々介護を書き送ってくれた光代さんは、私の高校の時の同級生である。卒業以来一度も会っていない。同じクラスといっても、私には親しいといえる友だちは限られ、他の人とは毎日顔を見知っているというだけの人たちで、光代さんはその中の一人だった。それだから、たとえ街ですれ違っても、同じ電車で隣に座ったとしても、「その人」と気付くことは絶対にありえない六十四年という長い年月があった。二人とも、十代の高校生が八十を過ぎたおばあちゃんになっているのだから。

その光代さんが自身の老々介護を書き送ってくれたのは、光代さんが本の作者、老人ホームで「お母さんしてる」私に出会ったからである。人は出会う人との縁で、こうも変わるものかと私自身しみじみと思う。

私は家族に介護をさせない――それが目的で自分の意志で老人ホームに入居した。ホーム見学の時に案内をしてくれた女性がダイニングで行われているアクティビティ（体操教室だったようだ）を「ご覧になりますか」と尋ねた。私は「いいえ、私は、チイチイパッパは苦手ですからけっこうです」と答えていた。気難しい見学者だと思ったろう。当初、「北沢さんは本人の意志で参加されるので声かけは不用」という情報が共有されたのか、私に声かけはなかった。

光代さんが初めて私にくださった手紙にはこう書いてあった。


前沢（私の旧姓）さんは背が高く、スラッとした素敵な女性、寡黙で大人、とにかく頭が良くて誰もが認める存在、私には近寄りがたい雲の上の人でした。私は背が低く、落ちこぼれの目立たない存在、貴女の記憶になくて当然です。あの本を読み、貴女のお人柄に接し、親しみを感じ、今の貴女とお話をしてみたくなりました。

彼女とクラスが一緒だったのは一年の時。確かにその時は彼女の言う「寡黙な優等生」だった。物心ついた時には私の父親は、すでに結核を患い入退院をくり返して、私が中三の時に亡くなった。片親になったこと、貧しかったこと、それらが思春期特有に見られる自意識過剰と重なり、唯一自分が認められると思ったのがトップに立つことだった。勉強ができるということだけで認められることを知ったのだろう。トップの座というのが唯一の自分の立ち位置だと思った。

しかし高二の時、これは大きく崩れた。私は自殺未遂をしたのだ。自分を問いつめていった時の第一のハードルが、「ほんとうに死にたい人間がトップの座に執着しているなんておかしいじゃないか」だった。その結果、私は一切勉強することを放棄した。しかし思いもかけない意外なことにぶつかった。放棄することができたのだ。勢いづいていた私は、のれんに腕押しで前のめりになる体《てい》だった。

これに戸惑った私は、さらに二つ目のハードルを前にした。しかしこれ以後のことは直接私のテーマには関係のないことなので省くことにする。

数カ月の勉強の放棄により、二度とトップの座を取り戻すことはできなかった。だいぶ経ってからのことだが、トップの座も決してそう甘いものではないということを思い知った。しかし、そのことさえさして大きな問題ではなかった。

光代さんが見ていた「私」は、この自殺未遂以前の私である。そして光代さんが「話したい」「話を聞いてもらえる」と言ったのは、この老人ホームで「お母さんしてる」私に向けて言ってくれた言葉である。

一般社会の人たちと同様、介護にはネガティブな思いを抱いていた。「介護」についても「老人ホーム」についても全く白紙状態で入居してきた私だから、むしろ多くの人たちから驚きと共に謙虚に学んでこれたのかもしれない。出会う人たちとの縁、つながりが人をこんなにも変えるのかというのが率直な思いである。

六十四年の空白がこんなに密で深いつながりになるということは、多くの人たちのやさしい出会いと協力が重なってもたらされた奇跡である。

ホーム小話⑤

この服、もう三十年、四十年も着ているのよ

着ている服を褒めた時、このおばあちゃんが言ったことだ。

それはこのおばあちゃんに限らない。服に関して誰しも何十年も前のものと言う。

それで私は言った。

「あら、それを着ているおばあちゃんの体は、もう九十七年も使っているんですもの。三十年、四十年前のものなんて、最新ファッションと言うべき新しいものよ」

「あいうえお」「かきくけこ」

人はどの時点で、何をきっかけに自分の老いを意識するのだろう。

私自身のことで言えば、六十歳で胃ガンの開腹手術、胃の三分の二を切断している。主治医は、「これからは食べることが仕事になりますよ」と言ったが、この時は全く老いを自覚することはなかった。

ほぼその十年後、つまり七十に近い年齢だったと思う。きつい検査入院を経て非結核性抗酸菌症と診断された時も、それがきっかけで老いを意識したことはなかったと思う。しかし肺への負担を減らし、息苦しさを軽減したいと思うようになったのを節目に、老いを意識したように思う。それはあの重い「酸素ボンベ」を引いて歩く自分の姿があったからだ。できることならこんな姿を見られたくないと思った。七十過ぎということからだろうか、それと母親が死んだ七十四歳という年齢に近づいた頃とも言える。

同級生から届いた手紙の中にはこう書かれていた。

昔と異なり長生きするようになり、元気な高齢者も多くなりました。日々の動作に老いを感じ、残された人生の短さを意識しはじめるのが八十代ではないでしょうか。もちろん富裕層や有識者の方は、もっと早くから先を読み行動を起こされている方々も多い。

しかし年金と貯金を切り崩し日々やりくりしながらそれなりに人生を楽しんでいた普通の人たちは、連れ合いのどちらかが倒れた時、自分が病気になった時、介護や医者の対応を知った時、どうしようと今後の人生を考えるのではないでしょうか。

このホームに入居していちばん話をしたのは、吉川さんだった。三カ月程のショートステイで退所していった。彼は京都大学時代に学徒動員で召集されたというのだから、九十半ばに近かったと思う。杖もつかずしっかり歩いていたから驚きの健康体だった。

私は高齢者の若さのバロメーターの一つに、「他人への配慮ができる」ことを教えている。彼は横断歩道を渡る時には左右を見、車が近づいている時は手をさしのべて、「どうぞ」を表し、車の方が停まってくれた時には、「ありがとう」の会釈を送る。

風の強い日だった。歩道橋を渡っている時に、「北沢さん、帽子を飛ばされないように注意してくださいね」と言ったのだ。

吉川さんはホームの近くに家を持っていて、これまでひとりで生活していたことを聞いていたので、私はてっきりその家を処分してホームに入ってくるとばかり思っていた。

退所すると決めた日、彼はこう言った。

「これからのすべては娘が決めるでしょう」

こんなにしっかりした人でも、「老いては子に従え」と、娘にその決断を任せていたのだ。私には知ることができなかったが、彼は自分の「老い」をしっかり自覚していたのかもしれない。私はなんとも言えない寂しさを感じていた。


次は私の後輩、いずれは老人ホームを検討するといっている女性の手紙だ。


家族や組織への責任と呪縛は時としては生きがいに繋がるかもしれませんが、年齢を重ねると体力気力が追いつかず、苦痛になることも多々……。これが老いという宿命か……と達観の境地に入ってきましたが……。

私は今七十五歳、後期高齢者の仲間入りです。ご存じでしょうか、現在、七十五歳以上の人は、契約に際して保護者の同意を求めるという条文が加筆されていることを。確かに同年で元気だったと思っている人の中で、ケガをしたり、何らかの病いを抱えていたり、健康人とは言えないケースが増えてきています。では私自身は健康か……と問われると正直自信がないのです。といって持病を抱えているわけではなく、医者に依存せずに今のところ生活は送れています。

七十五歳になると運転免許更新に際して、認知症テストなるものが課せられるのですよ。これも後期高齢者の烙印を押されたことを思い知らされます。試験はけっこう難しいらしく、夫は先日、イエロー・カードと判定されたようです。ブルー・カードは合格、イエロー・カードは要注意、そしてレッド・カードは認知症との判定です。

五十パーセント以上はイエロー・カードと判定されるらしく、二割はレッド・カード、残りが大丈夫とのお墨付きがもらえているらしいです。私はこの認知症テストが億劫で、免許更新の案内をもらった時点で免許は返納しました。東京に住んでいる限り車は必要ありませんから……。

人はそれぞれ、何かのきっかけ、縁を機会に自分の老いを意識し、その人なりにこれからの老後を考える。

私のテーブルに最近、ショートステイの男性が加わった。奥さんが骨折し、リハビリも考えるとそれなりの期間がかかるという。それまで奥さんがすべて家事を担っていたので、再び家事ができるまでの入居ということだった。

その蛯名さんがこんなことを話してくれた。「あいうえお」「かきくけこ」だ。

父親は七十五歳で亡くなった。自分がその年齢を迎えた時、今後の生活を「あいうえお」で目標を立てたという。

あ＝遊び　＊歌舞伎好きの彼はすべての出し物を観てきたという。
い＝生きがい　＊今後の人生の生きがいを考えるという。
う＝運動　＊週一のゴルフ、一日一万歩の実行。
え＝笑顔　＊「家内とだって、これからは笑顔を心がけていかなきゃね」と言って笑顔を見せた。そう言えば彼のしかめっ面は見たことがない。
お＝おしゃれ　＊確かに彼はおしゃれだ。ホーム一といっていい。センスも抜群だが、どれも高級品である。しかもすべてコーディネートされているのだ。そのため若々しく見える。

彼は八十一歳で脳梗塞を起こし、その後遺症で多少左半身にぎこちなさは残っている。その時の脳梗塞は、かなりショックがあったという。それまで全く予期もしないことが起こったのだから。
それを機に彼は、「かきくけこ」人生を立てたと言う。

か＝感謝　＊いろいろな人たちの支えを受けていくので感謝はなにより大切という。

き＝気持ち　＊病いも「気」からというが、気持ちをポジティブに持つことは、その後の人生を左右する。
く＝苦言　＊医師や看護師などの苦言を聞くことになったのが老年、それらの苦言を素直に聞くことだ。
け＝健康　＊いわずもがなだが、心身の健康を考えること。
こ＝根性　＊自分を叱咤激励する根性。（北沢註＝私自身は叱咤激励と現状を受け入れ、甘やかす時が交互にきている）

蛯名さんの、この「あいうえお」「かきくけこ」を聞いた時、私には思い出す人があった。一年程前に亡くなられてしまった鳥越さん。鳥越さんは、生物学者本川達雄氏の説から人間の寿命はおよそ五十年、その後の人生は科学、医療、環境、栄養など莫大なエネルギーを使った結果に助けられているのだから、五十年以後の人生は人のため、社会のために使うのが当然ですよと言っていた。五十年以後は眼鏡、補聴器、入れ歯、杖などで補われ、支えられている我々だ。

しかしこのお二人に共通していることは、老年時、とても明るく大らかに過ごしていらっしゃるということだ。すでに保証期限を過ぎたこの時期、私も大いに参考にしている。余生とは余りもの、恵まれた時を言うんですよね。

自分史

多分、作家だったと思う。この作家は第二次大戦で捕虜となった。その時彼は、「自分が番号で死んでいくのは耐えられない」と思ったという。

「二六××号、一九××年　一月×日　死亡」――これですべて終了。

この切実な思いは、私も同じで強い共感を持つ。

自分という人間の存在、自分が生まれ、そして生きた証拠を残したいという欲求。番号で記された自分には、存在も、なんの証拠もない。記号以外の何物でもない。その恐怖ともいえる不安が作家にこう言わしめたに違いない。

私の旧姓、前沢美代は番号ではない。一個人の名前である。この名前から、広い世界の国々の中からまず日本人、日本という国に限定される。前沢からは家の前に「沢」があったろうと推定され、私のルーツの一部が見える。名字からは、ある地方、ある地域に多く見られる名字もあるそうだ。沢がある土地、田畑には向いていただろう。農耕を業としていたかもしれない。

太陽と共にする生活、日が昇ると起きて働く、日が沈むと共に眠りにつく。私のDNAは全くこれに符合する。日中、昼寝することはなかった。もったいない、損したという思いがあるからだ（もっともホームの生活になってからは、体力に従う生活になってはいる）。だが、暗い夜に遅くまで起きていることはできない。徹夜などもっての他である。学生時代試験前日、今夜は遅くまで頑張ろうと決意したことはある。しかし唯の一度も頑張ったことはない、頑張る前に決意を喪失しているのだ。何十、何億年か知らないが、ずっと長い時代受け継がれてきたDNAには逆らえないといつも痛感する。

美代という下の名からは、この名をつけた親の顔、思いが知れる。女の子だし、美しく育ってほしいと願ってつけたに違いない（残念ながら親の期待にはそわず美人にはなれなかった。自分の顔をよーく鏡で見て、子の名は付けてよ！ と言いたいところだ）。

こうした情報から、自分のルーツをある程度逆上ることができる。

最近、新聞や雑誌で出版社の広告に「自分史」を本にしてみませんか、という呼びかけを目にする。人には、自分が生きた証しを残したい、そんなニーズを感じる広告である。

私はこれで四冊目の本を書いてきた。気が付いてみると、その中に私の「自分史」が所々に、断片的で、時系列の順はないが、物心ついた頃からの記憶に始まって、その時、その時代を生きた記録が書いてある。私は、「介護」「老人ホーム」をテーマにしながら、

「自分史」を完成させているのだ。

私に限らずホーム内でまず話すきっかけになるのは、「何年生まれ?」そして「どこの出身?」が圧倒的に多い。そしてもう少し親しくなると、父、母そして兄弟姉妹へと会話は発展していく。「回想法」とも言われるが、自分のことを語るのは楽しい。人はやはり「自分史」を語っていきながら、自分のルーツ、存在、生きた証《あかし》を確認し、安心感を得ているのだ。

私自身、原稿を書いていく中で、「自分史」を語っている時は書きながらなんとも言えない快感を味わっていた。

自分の生まれ育った家には、家族、友人、馴染んだ街並みがある。それは自分のそれまでの歴史そのものなのだ。そこを離れて、ひとり「老人ホーム」に入居してくるのはかなりの抵抗につながっている。高齢社会を迎え、さまざまな時代の変化に伴って家での介護が難しくなっている現代、「自分史」は何かを発信してくれているとさえ思う。

ホーム小話⑥

もしもし、それは補聴器です

イタリアさんは耳が遠い。それで補聴器をつけているのだが、鬱陶《うっとう》しいのか外してしまうことが多い。

その外した補聴器を耳に当て、

「もしもし、わたし、真岡メイ子。おわかりになる？　私、耳が遠いので、あなたの電話に気付くのが遅くなってしまったの、ごめんなさいね」

これでは相手が誰であろうが、通じることはありません。

険しい顔ではない　険しい表情なのだ

新しい入居者だ。険しい顔をしている。テーブルに着いても、誰かに話しかける様子はない。誰も話しかけることもしない。理学療法士とケアマネが交互にやってきて、話しかけてはいたが、それっきりである。

入居してきた人には積極的に話しかけるようにしてきた私だが、私もどこか腰が引けていた。彼女を「険しい顔」と思ってしまったことが、私を遠ざけていたのである。

彼女は、きれいな色彩の、しかも高級な服を着ている。ホームの中ではこの明るい色はどこかほっとする。それを認めながらも、私からは声かけはしていなかった。

二階のティールームでスタッフの渡さんが、私が気にしていた険しい顔の谷口さんと並んで座っていた。何を話しているのかは聞こえなかったが、渡さんの手は一方の手で谷口さんの手を握り、もう一方の手で谷口さんの腕をさすっていた。谷口さんは手に痛みのある人なのかなと私は思った。

食器洗いを終えても、二人は同じ姿勢のまま同じ仕草をくり返していた。その渡さんの仕草が私をひきつけた。軽く会釈をして私も並んで座った。私は軽く背を撫でながら自己紹介をした。

「渡さんはやさしいわね、このホームにはこんなやさしいスタッフが多いのよ」

と話しかけた。すると谷口さんは、

「私はわがままで、自分のことばかり言っているの。迷惑ばかりかけているのよ」

と吐き出すように言った。

「そうかもしれないけど、渡さんにしても、谷口さんのことを少しでも助けよう、支えようとして一生懸命なのよ。だから、ありがとうと感謝するだけでいいの」

谷口さんは私を見た。

「私は自分のことしかないの、迷惑ばかりかけてる、わがままばかしか言えないの」

「そんなことはないわ、自分でそう思っている谷口さんは、すまない、すみませんという心でしょ。すみませんはありがとうと同じ心よ」

「でも私は、あなたのようには思えない、迷惑ばかりかけているのよ」

「それを受けとめてくれる人たちがいるじゃない。ありがたいことだわね。私もこのホームに入ってよかったと思っているのよ、感謝しているの」

しかし谷口さんは、「私はあなたのようには考えられない」と言い、その表情は苦しそうだった。実際に苦しいのだろう。

「でも、私たちはこの同じホームに入った友だちよね。このホームに入らなかったら、友だちにはなれなかったんですもの。だから私は、このホームに入ってよかったって感謝しているの。またお話しましょうね」

谷口さんはこれには答えなかったが、私の方を見てはいた。それを確認して私は立ち上がった。

その日、夕食に下りると、谷口さんはすでに席に着いていた。誰もいなかったので、私は谷口さんの隣にスタッフ用の丸椅子を引いて座った。「こんばんは」と挨拶すると、彼女はかすかに頷いた。

「渡さん、やさしかったわね」

私は、先程見た渡さんの仕草を思い出しながら言った。彼女はかすかに頷いた。私は彼女にも思い出してほしかった。

「私も見ていて、とてもうれしかったの。このホームにはやさしいスタッフが多いから安心してね。うれしい、ありがたいと思ったら、ありがとうって言っていきましょうね。私もそうしているのよ」

するど彼女がなんと、「ありがとう」と言ったのだ。

「ありがとう。私たちはスタッフに支えてもらわなくちゃ生活できないんですもの。うれしかったら、ありがとうって言っていきましょうね」

するともう一度、「ありがとう」と言った。
「私たち、お友だちですもの。私もとてもうれしいわ」
私はそう言って、自分の席に戻った。

あの日以来、谷口さんの「迷惑ばかりかけている」「自分のことしか考えられない」は聞かない。私は、あの頑なな拒否の言葉が出ないことを、むしろ意外に思っていた。これまでこちらから彼女へ声かけばかりで、私は彼女のことは何も知らない。ただ車椅子の後ろに掛かっている袋が気になっていた。直接尿を取っているのだろうか。もし自分がその体だったらと、私は自分を置き換えてみた。私だって「迷惑ばかりかけている」という思いを持ち、その思いは一時も離れないだろう。それがひいて自分のわがまま、自分のことしか考えられないにつながっていき、その時の私の顔は硬い、険しいものに違いない。

よく年寄りは無表情だと言われる。私自身もずっとそう思ってきた。無表情を年寄り、老いのバロメーターの一つにさえしてきていた。

だが本当に短い期間に、渡さんの谷口さんに寄り添った心、それに引きよせられ親しくなろうと思った私の心に、ほんの少しだが谷口さんの表情が変わった。肩に手をのせ語りかける私を見る時の表情は、和らいでいるように思えた。無表情にはわずかだが変化が起こっている。それを見た時、硬い顔、険しい顔はその人の「顔」ではなく、その人の心の内を表した「表情」であることに気付いたのだ。

ホームで多くの入居者と親しくなった私の友人たちは無表情ではない。その顔は和らぎ、笑顔を見せてくれる。それでありながら私自身が硬い顔、険しい顔があると思い決めてしまっていたのだ。それはちょうど、ほとんど眠ってばかりいて会話をしなくなった友だちを「人」と見ることを忘れて「眠りこんで何も考えない人」と思い込んできたのと同じである。

だが、それを打ち砕いてくれたのは、人に寄り添うスタッフたちである。人に寄り添うスタッフの介護って率直にすごいなと思うのだ。


ダイニングは日に三回、入居者同士が顔を合わせる場である。家庭であっても最近は家族が揃ってテーブルを囲むことは難しくなっている。朝は時間に追われ、慌ただしく、夜は時間がまちまちになって、個食さえ珍しくない。しかも母親が次々に食事を運び、お茶まで用意するのにたびたび席を立たねばならないが、チームでは食事はテーブルまで運ばれてくるので待っていればいい。その間入居者は、その時間をすべて会話にあてることができる。こんなに恵まれた所はないことにも気付かされた。

私は食事の時、日に三回、ホーム内の友だちに声をかける。もちろん谷口さんにも挨拶程度のこともあるが、多少でも話をするように心がけた。その日もスタッフ用の丸椅子を引いてきて、谷口さんの隣に座った。その隣には元気ばあちゃんがいる。その前には増沢さん、この人たちなら会話に参加できると思った。

「ねえ、谷口さんは疎開ってしたことある？」

と、私は切り出した。

「秋田」

「じゃあ、雪もすごく降ったでしょ」

谷口さんは頷いた。

「私は信州に疎開したけど、あのつららがすごいのよね。東京では絶対に見られない。つららって、太くて長いのよ」

それで隣の元気ばあちゃんに話を向けた。

「Wさんは？」

「私は満州にいたの。それで引き揚げてくる時は大変だったわ。赤ン坊を捨てる親もいたくらい」（赤ン坊を捨てなければならないほど、過酷で悲惨だったことは、私もかつて報道で知った）

「そう、私たちって戦中、戦後の大変な時代を生きてきたのね」

すると谷口さんがまた口を開いた。

「私はまだ小さかったので、あんまり苦労をしないですんだと思うの。でも親は大変だったでしょうね」

と思い出を語った。この当時の話題は共通するので、会話のやりとりにはもってこいだった。こうしてテーブルの入居者は親しみを持つのでなごやかになる。

ある時、谷口さんがきれいなクッションを抱えるようにしているのを見た。きれいな色彩の服に似つかわしいクッションだ。しかも手作り感がある。

「とてもきれい。このスモーキーピンクと淡いグレーの配色がとても素敵だわ」

「私が刺しゅうをしたの。こんなつまんないことをしてたのよ」

「つまらないことなんかじゃないわ。だって温かみがあって、それに素敵なクッションが部屋にあったら気持ちも明るくなるでしょ」

「そう、ありがとう。刺しゅうが好きだったからいろいろしたわ」

人は自分のことを語る時は、誰もが楽しそうである。こうして一歩一歩、谷口さんはこのホームに馴染んでいくのだろう。

しかしこれも、スタッフの渡さんのあの長い時間をかけてスキンシップしながら話しかけていたことが出発点だった。スタッフからも、もう少し入居者さんと話せる時間があればいいのに、という声はよく聞く。しかし一人、一人の入居者を見ていると話しかける時間は見つけられる。

谷口さんの表情は、以前のような頑なな硬さはない。少しだが和らいでいる。表情は心の表れ、気持ちを映したものなのだ。ダイニングに入って行くと、谷口さんは私に向けて手を上げる。その顔は和らいだ笑顔なのだ。この日々の変化をスタッフの渡さんに伝えると、「ありがとうございます」彼の顔ももちろん笑顔だ。しかも私のいない時でも、隣の入居者と話をするようになった。こうして谷口さんはテーブルの仲間になり、やがてはホームの一人として馴染んでいくだろう。

さらに大きな変化があった。谷口さんのテーブルには元気ばあちゃんがいる。九十七歳という年齢からは考えられないほどしっかりしている。それになにより明るい。私たちは挨拶の時に高くハイタッチをする。そのハイタッチはとても力強く、「バシン」と音が出る。その日もこの元気ばあちゃんと私はバシンと音を出し、そのあとで谷口さんともハイタッチをした。もちろん音などない。それで私は言った。

「ねえ、この元気ばあちゃん同士のハイタッチはバシン！　でも谷口さんとは、私たち、お上品ですからね、そんな音は出しませんよね」

すると谷口さんが今迄にない大きな笑顔を見せ、もう一度手を上げた。それで私たちはもう一度ハイタッチをし、パチンと音を出した。こんな冗談も受けて笑えるようになったことに私は大きな変化を見た。大丈夫、という思いだった。

家族に伝えたい

松沢病院に通院する日、その行き帰りの線路沿いに、かつて息子が通った保育園近辺の様子を窺うことができる。そのたびに、懐しさと共に感謝の思いが湧き上がる。それは連絡帳に書かれた保母さんからのメッセージだった。そこには私の知らないその日の息子の様子が書かれていた。友だちとのやりとり、保母さんに話したことなどを、いきいきとした光景となって知ることができるのである。その日の夕方には引き取りに行く。そのわずか半日の空白であっても、息子の様子が知れるのはうれしかった。

家族は老親をたった一人、このホームに入居させるのである。ホームからの連絡はあるだろうが、私が見る日々のスタッフの介助介護、入居者同士のつながりを知ることはほとんどできないと思う。

この『終の棲Ⅳ』は、たまたま面会に来ていた娘さんと乗り合わせたエレベーターの中の水戸さんと私のやりとりがあり、それが第一章の見出しになったのである。偶然ではあったがこの出会いがなかったら、『終の棲Ⅳ』の出版は、たとえ刊行されたとしてもずっと遅れたに違いない。あるいは精彩に欠けたものになっていたかもしれない。

このおばあちゃん、九十七歳と知ったら誰もが驚くだろう。スタッフが付き添うとはいえ、スタスタと一人で歩く。用心しながら手すり近くを歩く私と比べてしまう。私より十五歳も上なのだ。それにお話し好きである。

この娘さんにたまたま出会った私は、この「元気ばあちゃん」の様子を話すと、「おばあちゃんが老人ホームでそんなに笑うなんて考えられなかった。このホームに入れてよかった」と喜んだ。安心もしたのだろう。


私の隣の部屋に入居してきたおじいちゃん。ショートステイだと聞いていた。娘さんが連れ添ってきた。挨拶のついでに「ホームを決めるのは、なんといっても毎日介助してくれるスタッフの質ですよ。このホームはやさしいスタッフが多いです」と言うと娘さんは、「そんなことが聞けるなんてうれしいです」と笑顔になった。

その後会った時には、おじいちゃんが参加したアクティビティでの様子、歩行器のおじいちゃんに寄り添いながら話していることなどを伝えてあげた。ホーム側の事務的に伝えられる情報よりも、娘さんには日々おじいちゃんが生活している様子が伝わったように思う。

なんといっても隣同士は、「向こう三軒、両隣」のよしみが生まれる（娘さんの時代には

「向こう三軒、両隣」はなくなって、「隣は何をする人ぞ」になっていただろう。現にスタッフのほとんどは知らない。たった一人、それも聞いたことはあるが何のことだか知らないと言った。

花粉の飛散する季節を除いて、私は隣の弘田さんと共にウッドデッキに椅子を出し、その上に掛け布団を干す。東向きなので午前中は日当りもよく、それに午前中はホーム見学の人も来ないので幸いだ。

娘さん、この布団干しを見たのだろう。

「布団を干すなんて気持ちいいですね」

と言うので、早速仲間入りを勧めた。次の面会日には布団が干されていた。都心の老人ホームで、「向こう三軒、両隣」はしっかり根づいていたのだ。

ホームに面会に来るのは、圧倒的に娘さんが多い、お嫁さんが来るのはあまり見たことがない。なぜか家族関係を見る思いがしないでもない。

このおばあちゃんの所には、お嫁さんがくる。この嫁姑の仲はとてもよい。お嫁さんと聞かなかったら、私はてっきり娘さんだと思っていたに違いない。明るく、飾らない、気さくなお嫁さんだ。

このおばあちゃん、入居当初は積極的に人とつながろうとしていて、私に話しかけたのも彼女の方からだった。

短歌をやっていたと言い、たまたま二人の間で海外旅行が話題になった。それでその話の流れの中で、長くイタリアで生活をしていたイタリアさんのことを話すと、早速彼女の元に行くという積極的な人だった。その時、「揺けき日、パウロ、ペテロも歩みせし、われも起ちたや、アッピア街道」という歌を空《そら》で言った。自分でも印象に残っている歌の一つだったのだろう。

しかししばらくすると、すっかり部屋から出てこなくなった。「腰が痛い」を理由にしているが、そればかりとは思えない。

ある日、一緒に散歩に行ったと云って、帰ってきた時だ。おばあちゃんを少しでも引っ張り出そうとしたお嫁さんの気持ちが窺われた。私はお嫁さんが一人になった時に、

「最近ほとんど部屋を出ないんですよ、声をかけても首を横に振るばかり」

と言うと、お嫁さんも、

「そうなんです。このまま閉じ籠っちゃうといけないと思うんですが」

と困っているという表情は、お嫁さんというよりは娘の顔だった。

「ほんとに頑固ばあさんなんだから」

お嫁さんの心配顔を勢いに、私の口が滑ってしまった。お嫁さんは笑って、

「本当にそうなんです。少し言ってやってください」と言った。

しかし後で、「少し調子に乗って言ってしまったな」という反省が湧いた。それを綾野さんに話すと、

「お嫁さんの代弁をしてあげたんだから、お嫁さんも内心手を打っていたんじゃないの」

と、私の反省を認めながらも同心で聞いてくれたようだ。

このおばあちゃん、もの静かで、温和な印象だった。一人でポツンとテーブルにいたのを見て声をかけた。家はホームに近い所だという。一緒に生活をしていた息子さんが病気で入院したのを機に入居してきた。その時息子さんが、「母さん、オレ、母さんを捨てないよ」と言ったという。一人息子が老いた母親を一人老人ホームに入居させる悲しみとやさしさが溢れるその言葉に、私は胸を打たれた。

息子さんが退院してきたことを語った時、おばあちゃんは、「母さん、オレ、ついてるよ」と息子さんが言ったと教えてくれた。

そのことがあってからは、このおばあちゃんに声かけをするようにした。このことを翔君に話すと、「お母さんがやさしいから、息子さんもやさしいんだね」と言った。翔君はよく入居者を見ている。その人をふだんから見ていなければ発せない言葉をよく聞くのだ。

こんなやりとりがあって、ある時このおばあちゃんが男性に付き添われているのに出会った。「ご家族ですか?」と尋ねた私に、「息子です」と答えた。それで私は翔君から聞

いていた言葉を伝え、「こんなことをちゃんと見てくれるスタッフがいるってうれしいですね」とつけ加えた。

息子さんは、「そうですか。ありがとうございます」と礼を言った。

その息子さんは安心したような表情を見せた。

息子さんはホームを後にしながら翔君の言葉を思い出し、心が少し軽く、ほっこりしたに違いない。

もう五十年以上昔、保育園の保母さんからいただいた連絡帳のメッセージが、私の「家族に伝えてあげたい」思いになって輪を広げてきていることに、改めて驚き、感謝をした私である。

ホーム小話⑦

屋根より低いコイノボリ

五月五日を二日過ぎても、ウッドデッキの鯉のぼりは下がったまま。

F子さんが言った。

「鯉のぼり、雨に濡れてかわいそうね。どうして入れてあげないの？」

そうねェ、人手不足で忙しいからかな。

するとスタッフが言った。

「一年生の娘が鯉のぼりを作ってきたんだけど、こんなに小さい。仕方ないから『屋根より低いこいのぼり～』って歌の方を合わせてあげたら、『ねえ、どうして家の鯉のぼりは小さいの』と聞くから『ウン、多分お金がないからだろうね』……」

そうか！　介護職の給料を上げろ！　って本社にも国にも訴えなきゃいけないわ、せめて来年の端午の節句には、「窓より高いこいのぼりにしてあげないと！」とババパワーが気炎をあげたがこの訴え。届くかなあ。

これも介護だ

保科さんは百歳のおばあちゃん。今日は頭に、黒地柄のスカーフを大きく結んでいる。それが真っ白い髪を引き立てている。なによりこのおばあちゃんは、きれいなスカーフやハンカチが好きだった。

私の席からは、横並びにまっすぐの位置に座っているのでよく見える。思わず隣のテーブルの引田さんにそのことを言うと、

「私も見ていたの、今日は誰が結んでくれたのかしらと思っていたの」

「ああ、それは、お母さんしてる看護師の岩田さんよ」

「今日も、お母さんしてくれたのね」

弘田さんも私も、その大きなリボンと、「お母さんしてる」岩田さんにほっこりしたのだ。看護師である岩田さんは、自分の仕事の枠を越えて、いつも「お母さん」してくれる。そんな時、私はいつも「これも介護」「これが老人ホーム」と思う。

翔君が私に話してくれた。

「河辺さんが今日、大きなため息をついたので、『ため息をつくと幸せが逃げちゃうよ』と言ったら、『大丈夫、幸せだけはしっかり掴んでいるから』と言ってくれたんだ」

河辺さんのその返事にも、それを私に伝えてくれた翔君にも「ありがとう」と言った。

「河辺さんは、もっと元気だった頃はとても茶目っ気があったんですよ。あんな応待をしてくれるんだから、今日は元気なんだ。いつもより食事も進んでいたみたいだし」

翔君からはよく入居者とのやりとりを聞く。なにより入居者をよく見ている。その声かけに、入居者もその時の自分の思いを口にする。そしてそれを喜ぶ私に伝えてくれる。これも「介護」「いい老人ホーム」の姿だ。

安井さんがF子さんと手をつなぎ、「おててつないで、野道を行けば、みーんな、可愛い小鳥になって〜」と歌いながら廊下を歩いていた。結んだ二人の手は高く上げられたり、そして下げられたりしているので、まるでフォークダンスを楽しんでいるような光景だ。

もっともこの安井さん、介護を仕事にするまではダンサーとして舞台に立っていたのだ。骨折、リハビリと長い入院生活の後、なんとなく気になっていたのが「介護」だったという。それでこのホームにスタッフとして来た人なのだ。

ともかく大山さんは一日中車椅子でホーム内を動き回っている。エレベーターにも車椅子に乗ったまま上下を往き来しているので、私は彼女を「エレベーターガール」と呼んで「お仕事、ご苦労さまです」と声をかける。

食事中も途中で出て行ってしまうこともある。ある日翔君が、「エレベーターガール」の車椅子を押してダイニングに戻ってきた。テーブルに着かせると、

「お帰りなさい、お食事が用意できていますす」

食事中、この「エレベーターガール」の顔に朝日が当たって眩しそうだった。それを近くにいたスタッフの安井さんに言うと、すぐに車椅子の位置を横に移して、

「ごめんね、眩しかったね」

その後で安井さん、そのテーブルの横を通りしなに、

「さっきは、お食事中に席を動かしてごめんなさい、今度は食事をする前に席を動かすからね」

藤井さんが部屋を出るのは、食事の時と音楽クラブの時だけだ。その音楽クラブも最近では途中で帰ってしまう。

その藤井さんと友だちになったのは、スタッフが彼女の車椅子を押してウッドデッキに出てきた時である。ミニトマトは赤く熟れ、紫色の花をつけたナスは実をつけていた。ナスは、ちっちゃな赤ちゃんナス、そして小学生ナス、高校生ナス、大人ナスと成長し

ていく過程をすべて見せてくれていた。この説明が楽しかったのか藤井さんが笑って、弱々しい声だがいろいろ話をしてくれて、友だちになったというわけ。特に、赤ちゃんナスはほんの親指くらいの大きさだが、一丁前の形をしているのがなんともいじらしく、可愛い。

スタッフの「お父さん」が、藤井さんが部屋に戻った時、とてもうれしかったと喜んでいたこと、またある時は、「北沢さんと会った日は、藤井さんはご気嫌がいいんです」など私に伝えてくれた。

それ以来、スタッフの「お父さん」は、藤井さんの車椅子を押してダイニングに来ると、必ず私の席に寄ってくれる。藤井さんは細い弱々しい手を差しのべ、私と握手する。そしてニコッと微笑む。

これを見ているスタッフの中の一人、また一人と、私の席に回り道をしてくれるのだ。わずか十メートルの迂回路ではあるが、こうしたスタッフの思いやりが、私たち「友だち」を後押ししてくれているのだ。

これは一冊目の『終の棲、ホームの日々』に書いたことなので、重ねて書くつもりはなかった。しかし、「介護」といえば紙オムツぐらいのイメージしかなくて入居した私が、はじめてこれが「介護」かと胸を打たれた光景なので、敢えて再度書くことにした。

当時のホーム長は、直接ダイニングに来ることも珍しくはなかった。スタッフと同じユニホームを着て、走り回っていることも多かった。

ある日、ホーム長が食事の介助を必要な人に付き添っていた。その入居者はリクライニングの車椅子にほぼ横たわる格好なので、通常の車椅子に座っている人よりも体は低くなる。ホーム長は、床に膝をついて介助していた。こうすると入居者と同じ目線になることが私にも見てとれた。入居者の口に運ばれるスプーンが斜め上からではなく、同じ高さになるのだ（もっともスタッフは、たいてい二人、時には三人の入居者を受け持つこともあるので、小さなキャスターの付いた丸椅子に座って移動して介助をしている）。

ホーム長は食事の間中、その姿勢のままだった。それを見た時、私はこれもではなく、これが「介護」かと思って胸が熱くなった。

これを機に、私の「介護」「老人ホーム」への関心は高まったと言っていい。同時に、このホームに入ってよかったという思いも強まった。

「介護」と「逸馬の詩」に共通点を見た

母の友人に、田中さんという方がいた。田中さんは離婚して、一人息子を引き取って育てていた。大きな病院の給食を賄う職場の責任者として働き、生計を立てていた。息子さんが中学生の時、日射病（今で言う熱中症だったのかもしれない）で亡くなった。突然のことで、当時では手の施しようもなかったようだ。この時のことは母から伝え聞いただけのことだったが、その苦しみを思うものは私のなかにずっと潜んでいた。だいぶ後になってのことだったが、その田中さんが笑ったのを見たのだ。たった一人の家族、息子を失った母親でも笑うのだという驚き、これは心外とも思われた。そういう人でもお腹はすいて食べるんだ、ずっと食べてきているんだという思いだ。

理性ではべつに不可解でもなく、私自身、日々の生活の中で見るし、聞くし、いや自分自身のなかでも体験してきていることである。しかし、時としてこの「共存」に戸惑うこともある。しかもこの「共存」は対立し合っているわけではなく、綯《な》い交《ま》ぜになっているのでやっかいだ。それはこの「共存」が、人生、そして「人」なのではないかと思うからである。

この「共存」を考える時、思い起こす詩がある。詳細は忘れてしまったが金子みすゞの詩、「浜ではイワシの大漁で歓喜の声、海の底ではたくさんのイワシの葬いだ」というこの真逆が、日常の中では当然のことのように「共存」しているということだ。

私がこのホームに入居して四年近くになる。その間に、そのつながりや親しみの程度に違いがあるとはいえ、何人の友だちと別れてきたことだろう。その人たちは、両の手を結んで汲んだ水のように、あっけなく亡くなっていった。時には人につながることに消極的になった時期もあったが、いつかまた元の日に戻っていた。

免《まぬか》れない老病死は、諦めではなく、認めざるを得ない事実で、その「苦しみ」「悲しみ」の前に、「人の無力」を思い知るしかない。驕《おご》ってはいけない、謙虚でなくてはいけない――私はいつもそう思う。

終の棲は、老人ホームという施設を言うのではなく、老いに閉じ込められている自分だということに気付いてから久しい。

この「閉じ込められる」を考える時、私は一人の作家と一人の詩人を思い起こす。『いのちの初夜』を書いた北條民雄と詩人の志樹逸馬である。

この二人は共にハンセン病（当時は癩病《らいびょう》とよんでいた）を病んでいた。そして社会から隔絶された部落ともいうべき「園」でその生涯を終えている。つまりその病いは、社会から絶対に隔離された「園」と同義語なのだ。

私が老人ホームを「贅沢な姥捨山」と言うように、「老い」に閉じ込められているといっても、彼らが送った当時のハンセン病患者の「園」とは、天国と地獄ほどの差を認めながらも、それでも私には「こころの世界」として厳然と存在している。

『いのちの初夜』は、破婚になり、二十歳で癩発病の診断を受けた青年が駅を降り、全生病院（現在の国立療養所多磨全生園の前身）に向かうまでの、その途中の風景から始まっている。

——これから自分は一体どうなっていくのであろうかと不安でならなかった。真黒い渦の中へ、知らず識らず堕ち込んで行くのではあるまいか、今こうして黙々と病院へ向って歩くのが、自分にとって一番適切な方法なのだろうか、それ以外に生きる道は無いのであろうか。そういう考えが後から後からと突き上って来て、彼はちょっと足を停めて林の梢を眺めた。やっぱり今死んだ方がよいのかも知れない。梢には傾き始めた太陽の光線が、若葉の上に流れていた。明るい午後であった。

——公園を歩いている時でも街路を歩いている時でも、樹木を見ると必ず枝振りを気にする習慣がついてしまった。その枝の高さや太さなどを目算して、この枝は細すぎて自分の体重を支え切れないとか、この枝は高すぎて登るのに大変だなどという風に、時には我を忘れて考えるのだった。木の枝ばかりでなく、薬局の前を通れば幾つも睡眠剤の名前を想い出して、眠っているように安楽往生をしている自分の姿を思い描き、汽車電車を見るとその下で悲惨な死を遂げている自分を思い描くようになっていた。けれどこういう風に日夜死を考え、それがひどくなって行けば行く程、益々死に切れなくなって行く自分を発見するばかりだった。今も尾田は林の梢を見上げて枝の工合を眺めたのだったが、すぐ貌をしかめて黙々と歩き出した。一体俺は死にたいのだろうか、生きたいのだろうか、俺に死ぬ気が本当にあるのだろうか、ないのだろうか、と自ら質《ただ》して見るのだったが、結局どっちとも判断のつかない儘《まま》、ぐんぐん歩を早めていることだけが明瞭に判るのだった。死のうとしている自分の姿が、一度心の中に這って来ると、どうしても死に切れない、人間はこういう宿命を有《も》っているのだろうか。（後略）

この青年の自殺に向き合う心の揺れ、迷いは、一度「死のう」と思った者に共通していると思われる。少なくとも、十六歳の私の心をありありと吐露していたことに驚いた。

この青年も自ら死ぬことはなく、一生を全生園で終えた。私も十六歳の自殺未遂という結末を経て、数十年、六十余年――その結果、私は「老い」に閉じ込められたこの年齢を迎えてしまった。

自殺未遂に終わった私は、「空しさ」の前に、人の無力さに打ちのめされ、無力な者は、私はもっと謙虚にならなければと思ったのである。私の家は父母も浄土真宗、お念仏を信じていた。その縁もあって謙虚にお念仏に耳を傾けて聴いてみようと思ったのである。私は十七歳になっていた。

そして、もう一人、詩人の志樹逸馬。

彼は十三歳でハンセン病を発症。病気の詳しいことは知らぬまま、全生病院で夜を迎えた日、家に帰らせてくれといって泣いた。患者の寮父は情の厚い人で、夜は彼を抱いて寝てくれた。まだ治療法が確立されていない時代であったため、皮膚は化膿し、悪臭がしたが、それでも抱いて寝てほしいと思った。

こうして始まったこの「園」での生活は、四十二歳で彼が亡くなるまでの約三十年続いた。この生涯に患者の女性と結婚をしている。

彼の詩の中から私が好きな詩を四篇ほど書き記す。

落葉

病み老いて
垣根にひっかかっている
落葉の
紅く燃えている
かぐわしい　悲しみのように
そこに
影のように　うずくまっている
私をさがして
もうひとりの　私が
いる

二十八年間

二十八年間
私はここで何をしていたというのだろう
あの日　私は中学制服に鞄一つさげて

ハンセン氏病療園に入った
盲目の人　全身腫物に爛《ただ》れた人
ゆがんだ鼻
一つ鍋をかこんだ軽症な友人

松林の蔭での読書
耕せば
陽光と影は私によりそって揺れ
緑も萠えた

友の多くを失い
私は病み衰えた
だが　渇きに飲む水は甘く
妻は側らにあった

私は一層　前かがみになり

短くなった指で　草をむしった
畑からころがり出てくる馬鈴薯に微笑んだ

とりあえず
看護婦さんありがとう
先生ありがとう
僕はあなたたちに対して
報恩のすべを知らないことを
かなしむ

頭が重く　体が疲れてくると
僕はもう　いつこのまま
ペンをもてなくなってしまうのではないかとの不安にかられ
ひとり寂しくなる

いつか良い詩に
この報恩の気持を書きあらわしたいと思っているが　中々まとまらない

でとりあえず
僕は　ありがとう
こう書いて　ひとり慰める

曲った手で

曲った手で　水をすくう
こぼれても　こぼれても　みたされる水の
はげしさに
いつも　なみなみと　生命の水は手の中にある
指は曲っていても
天をさすには少しの不自由を感じない

もう一つ、この詩集の中で新たに発見したことがあった。それは若松英輔による「解説文」である。

闇の中にも目をひらいていたいと思う
人はたいてい

目をつむる
眠る
だが
このしずけさの中にこそある
闇の声に
わたしは耳をすましたい

ここでの「目」は肉眼ではない。私たちが「心眼」と呼ぶ、不可視なものを見つめる「眼」だ。だが志樹は、もう一つの「眼」を開くだけでは足りないという。心の「眼」だけでなく、心の「耳」もまた、開かねばならないというのである。

現代人は、あまり用いなくなってしまったが、「心耳《しんじ》」という表現がある。静寂の意味を感じる「耳」、それは「神」の声ならぬ「声」を認識するもう一つの「耳」でもある。

ここでは「目」と「耳」を言っているが、私は常に人に寄り添うにはよく見、そしてよく聞くことの大切さを言ってきた。なんと、詩人の逸馬と言わんとしたことが「介護」にも通じることの発見であった。

私は、まだ宿題を残していたのである。それは去年このホームに就職してきた真人君の「つぶやき」に回答できていないということだ。真人君の介護を仕事に選んだ理由については『終の棲Ⅲ』に書いたのでここでは省くが、彼がホームに就職してきたその時期には、何人かの入居者が立て続けに亡くなった。亡くならないまでも急激な老衰が見られた。普通の車椅子からリクライニングの車椅子に変わり、なんとか自分で食べていた人も介助が必要になった。その時の彼のつぶやきが「耐えられるかな」だった。

そしてもう一つ、私が前のホーム長のトンチクイズがなんとも面白くて（これも『終の棲Ⅲ』に書いた）、その中の一問、「増えることはあっても減ることのないものはナーニ?・」――これを彼に質問した時だ。一瞬「ン」という表情をしたが、すぐに「苦しみ」と言ったのだ。

正解は「年齢」であり、私もそれを期待していた。二十二歳の青年から「苦しみ」という答えを聞くとは全く考えてもいなかった。これに関しても私は回答できず、宿題として残されたままだった。

唯、私はきれい事、慰《なぐさ》みは言うまいと思ってきた。それを常に自戒してきたのだ。人はここまで人を煩わせ、人の手を借りなければ生きていけないのか――この現実を目の当たりにしてきて、その事実に目をつむってはいけない、ということだ。「苦しみ」「悲しみ」を前に人は全く無力なのだとだけは言える。

最近、新聞で鎌倉時代の仏教書である『歎異抄《たんにしょう》』の広告をよく見る。紙面も大きく、それも頻繁に目にしてきた。作家の司馬遼太郎が言ったという、無人島に一冊持っていくなら『歎異抄』という広告文が目を引く。

私自身、この『歎異抄』は何十遍となく読んできた。

今の時代、科学の目まぐるしいまでの発展に伴って、医学もさることながら、月にまで人が行く時代。それでも人は、無力さを思い知らされている証《あかし》なのだろう。

厳しいかもしれないが、「苦しみ」「悲しみ」を前に人は無力なのだとだけは言える。

私の言ったこの言葉をどう受け止めるかは、彼自身が決断することだ。

ホーム小話⑧

廃品回収車

昨日は今年初めての真夏日だったという。暑くなってきたのでサッシの戸を開けているため、街の気配も遠いけれど聞こえてくる。

今日は久しぶりに、「廃品回収車」のアナウンスを聞いた。いまだに廃品回収車が街中を走っているのかと思った。それほど廃品回収車は遠いことになっていた。

「ご家庭でご不用になった電化製品など、なんでも回収いたします。壊れていてもけっこうです。動かなくてもけっこうです」

このアナウンスの文言は、私が家にいた時によく聞いたのと全く変わらないのが、妙に懐しく聞こえてきた。

しかしそれを聞く私の気持ちが、全く違っているのに気付くのは即だった。

家にいた時は、「ああ、あのストーブも古くなったし、そろそろ買い換えようか」などと、家の中で使わなくなったものをあれこれ物色しながら聞いていた。

しかし今日、聞いてみると、「ご家庭でご不用になった〜」云々が、「確かに現役の時は重宝がられていたはずだが、その存在ももはや不用になった」の意味に聞こえ、「壊れていてもけっこうです～」云々は、肺もぶち壊れている、頭もどこかネジが外れてしまった、その通りだとなり、「動かなくてもけっこうです～」云々は、柔軟性を失った脚は「歩く」のには程遠いと、廃品がまるで自分のことのように思えてきたのだ。

「これって、私のこと？」

多少の暑さは我慢しても今日はサッシをサッサと閉めてしまおう。

「でもここの廃品回収車は、街を流して歩かなくてもいいのよ。だって家庭で不用になった人がここに集まってくるんだから」とはお隣の弘田さん。

廃品回収車といっても、すべて無料というわけではないのだ。私も回収してもらう際に、ちゃんと見積りを取るべきだった。見積りはいつの時も必要だということだ。

「ありがとうございまーす」と言ってくれて「ありがとう」
それは「幸せの循環型老人ホーム」

この本のサブタイトル「ありがとうと言ってくれてありがとう」が、この章では、「ありがとうございまーす」でなくてはならない。前のはスタッフの言葉、そして後《あと》のは百歳のおばあちゃんの言葉だからだ。

この百歳のおばあちゃん、保科さんは、私が入居してきた時は九十六、七歳だったのだろう。すでに認知症ではあった。幸い私は、認知症に全く偏見を持っていなかった。廊下ですれ違う時、ノッポの私は車椅子を足で動かす保科さんと目線を同じにするために、ほとんど座った姿勢で挨拶する。部屋が同じ階の、しかも斜め向かいなので、保科さんはよく私の部屋を訪問してくれた。べつに手土産を持ってくるわけではなく、私の方も空茶一杯出すこともしない。

そのたびスタッフが謝罪に来る。ホーム長が謝罪に来ることもあった。ロックをしないのは私の自己責任でしていることだとその都度説明したが、ホーム側には私の考えはなかなか伝わらなかった。

そんな時、保科さんは向かいの入居者の部屋も訪問することがあった。そのたびに、この部屋の入居者は大声で怒鳴った。そればかりではない、ダイニングの人前で保科さんを非難する。もっとも当の保科さんはキョトンとして抗議するのでもない。この非難を聞くのがイヤで、私はドアにつっかい棒代わりの箱を置いた。これを私は「ウェルカムボックス」と名付けた。二十四時間、三百六十五日、私の部屋のドアはこのボックスのおかげで開いたままだ。これならば保科さんも、部屋を間違えることなく訪問してこれるだろう。

この頃は保科さんは、足を使って車椅子で往き来していたが、やがてスタッフが常に車椅子を押すようになった。そして話をすることもなく眠っていることが多くなり、私もいつしか話しかけることも挨拶さえしなくなっていた。保科さんは百歳を迎えても（時々はスタッフがフォローするが）スプーンで食事をしている。時にはちゃんと箸を使うこともある。

こうして年月は流れていった。ところがまさに奇跡が起った。正しく言えば、その奇跡を起こしたスタッフがいた。真人君、去年四月に入った一番若いスタッフである。

ある日、十センチ開いたドアから真人君が保科さんの車椅子を押していくのが見えた。その直後、「ありがとうございまーす」という保科さんの大きな声が聞こえてきた。私は部屋を飛び出し、真人君の背に向かって大きな声で言った。

「今、保科さん、『ありがとうございまーす』って言ったわね」

「ええ、『ありがとうございまーす』って言ってくれたんですよ」

真人君の弾んだ声が聞こえた。私の心も驚きと共に弾んでいた。

その数日後のことである。真人君が、

「北沢さん、今日は保科さんがいっぱいお話してくれたんですよ」

と私に伝えてくれた。

話の内容は聞けなかったが、真人君がこの奇跡を起こしたと思った。

このことを翔君に話すと、「真人君のやさしさが伝わったんでしょう」と言った。真人君の言動をすぐにこう表現できるのは翔君も同じ「やさしさ」を持っているからだ。

それ以後、私は再び保科さんに必ず挨拶をするようにした。しかしなんの変化も見せてくれなかった。「もう長いこと無視してきたくせに」と言われているような、後ろめたい思いだった。それでも私は「おはよう」「今日は」「今日はとてもいい天気よ、気持ちいいね」と声かけをした。こんな日が半月くらい続いただろうか。ある日、「ありがとう」と言った。しかしこの時は保科さんの「ありがとうございまーす」ではなかった。しかしその翌日、「もったいない」と言ったのだ。「ありがとう」はわかるが、「もったいない」は何をもったいないと言ったのか私には理解できなかったが、内心「やったあ」と思った。

そしてこの日がいつだったかは、しっかり覚えている、四月四日。声かけをした私になんといっぱい、いっぱい話してくれたのだ。それは私には全く意味のわからないことだったが、「そうね、保科さんがそう思うんですもの、私もそう思うわよ」「保科さんがそう言うんですもの、私も同じよ」と同調して言った。意味はわからなくても保科さんの大きな弾んだ声に合わせたやりとりだった。

今年も二人のスタッフが入社した（正しくはその二日後、夜勤専門というもう一人が入社したので合計三人の新入社員である）。私は去年に続けてこの新入社員たちにメッセージを書いた。

お二人がこのホームに加わってくださってありがとうございます。メッセージは私個人が書いていますが、入居者はみんな同じ歓迎と感謝の思いで迎えていると思います。私は日々スタッフの介助・介護を見てきて、介護は大変な仕事だなと思っています。でも「終の棲」としてここに入居してきている人たちには、スタッフの皆さんがいなければ一日も過ごすことができません。それは老親を入居させた家族にとっても同じです。

人に寄り添う介護を見てきて、お二人にお願いがあります。これは一入居者の私の考えですが、人に寄り添うにはその人をよく見、そして伝えようとしていることに耳を傾けることによって、その人の気持ちがわかるのだと思います。その人の服装（ファッションはその人の生き方の表現の一つです）、そして表情、顔色、食べ方を含め食欲などです、体調もです。耳を傾ける――入居者の中には、自分の思いを言葉に出せなくなっている人も多いです。でも、この人はもう何もわからないと決めつけないでください。

あるスタッフが常に肩に手を置き（肩や背に手を置かれると入居者は親近感や安心感を感じるのです）語りかけていたら、なんとその入居者がお話をするようになったのを見ました（私の入居当時、この入居者はすでに認知症ではありましたが、私はお話をしてきました。それが近年もうお話ができないと私の方が決めてしまっていたのです）。

先輩スタッフは、「彼のやさしさが通じたのでしょう」と言いました。後輩の寄り添う介護を評価したのですね。以後、私も再び声かけをするようにしましたが、しばらくは何の変化もありませんでした。それがある時「ありがとう」と言ったのです。こうしたことは他にもあります。認知症の人と向き合う時に、認知症は病気には違いありませんが、その人に「人」として向き合うと必ず通じ合えるものがあります。

介護に熱い思いを持って就職されても、モチベーションを失ったり、気持ちが萎えることもあるでしょう。そうした時に、入居者は誰もが本当に感謝していることを思い出してください。介護は生活も不規則でかなり重労働です。お体に気をつけてください。そしてスタッフと入居者が信頼を築き、よりよい「終の棲」にしていきましょうね。

このメッセージを受け取った二人のスタッフは、私にこんなお礼を言ってくれた。

「この手紙は勉強になりました」

「頑張ります、まだ始まったばかりですが楽しいです」

私には入居者の方から応援の手紙をいただいた。この方は私のホームでの言動に賛同し、介護についての情報もくださっており、私は背中を押されていた。

新入社員宛のメッセージ、拝見しました。

業種にかかわらず、新入社員は皆さんそれぞれ希望と期待に燃えながらも、多少の不安感を持ち合わせています。

特に高齢者の介護ケアサービスの業界に従事する新入社員は、ケアの仕事についてある程度の理解を持ち、多少の実務経験を経て、それなりの心構えはあるものの、千差万別の高齢者個人に接していく前に、サービスを受ける側の入居者からこのような内容のメッセージを受け取ることは、大変参考になると共に心強くモチベーションの向上に繋がると思います。

経営者や社長から入社式に聞くのではなく、現実にケアサービスの現場を体験している入居者からの温かいメッセージであるからこそインパクトがあり、モチベーションの向上に役立つうえ、何よりの入社祝いになると思います。


私はこの時、私が漠然と目指してきた「理想の老人ホーム」を見たように思った。スタッフの「人に寄り添う介護」に始まったやさしさは、入居者（たとえ認知症の人であっても、あるいは心身が弱って、唯眠っているように見える人であっても）の心を動かし、「ありがとう」になる。そしてそれを応援し共に協力する入居者たちによって、輪が広がっていく。そしてそれはまたスタッフたちに還元されていき、大きな渦となる。これを幸せの循環型老人ホームと言うのかと思ったりするのだ。


〈追記〉

ティールームでスタッフの佐原さんが、片手を肩に置いて話しかけながら、保科さんの口に飲み物を運んでいた。

「よかったあっ」

保科さんの大きな声が聞こえた。続いて、

「どんどんやってくださーいっ」と保科さんは言った。佐原さんがそれに、「頑張りまーす」と答えた。

保科さんのその言葉自体は大きくはっきり発音されていたので、私にも聞き取れた。しかし何が「よかったあっ」なのか、何を「どんどんやってくださーいっ」なのかはわからない。ただポジティブであることは間違いない。

後で佐原さんに聞くと、その前後から憶測するに、「ここに来てよかったあっ」だと思うということだった。「どんどんやってくださーいっ！」は、これは佐原さんへのエールだと解釈していた。

常に語りかけ、寄り添ってくれる「介護」に向けて発した保科さんの心の叫び、エールだと思った。

昔、任侠映画で、主人公の女優が片膝を立て啖呵を切った場面があった。

「女をなめたら、あかんぜよっ！」

私はこの場面に思いを重ね、啖呵を切った。

「介護をなめたら、あかんぜよっ！」

認知能力が下がっても、心は動いているんだと、また改めて思い知ったのだ。

あとがき

「私たち、これからもお世話になっていかなくちゃならないんですものね」

これはいつも私の背中を押してくれている入居者が言った言葉である。そう、この老人ホームは、私たちの「終の棲」。それだからこそ、スタッフたちの言動に心を動かさざるを得ない。

これで四冊目になる。シリーズになるとは私自身思ってもみなかった。しかし「老い」に閉ざされた人生最後の日々を送っていると、さまざまな光景にぶつかる。そのたびに二十四時間、三百六十五日、スタッフの人に寄り添う介護に感動したり、あるいは疑問を持ったり、ホーム側に不満、寂しさが生じたり、入居者、その家族とのつながりに励まされたり、悲しい思いをする。そのたびに私は、その一つ一つを社会に伝えたいと思ってきた。介護、老人ホームの内の情報がないばかりか、それに気付くこともなく、人生最後の大きな買物をするのに、なにか不当だとさえ思うことがあった。

超高齢、少子化社会が問題になっている現代である。命は、この息がこと切れるまでを「命」という、活力に満ち、活躍している人生でもいずれ迎える老後だからこそ、私はその姿をありのまま見なくてはいけないと思ってきた。それが私の著作になった。

介護は一方的に与えるものではない。満身にそれを享受する私たち。入居者自身もその中で組して参加していることを知ったのは、私にとって大きな意味があった。この考えに賛同し、協力してくれる入居者に恵まれたこともすごいことだ。私の思いがさらに思考され、あるいは広がりを持ち、肯定されることにもつながったからである。

「やさしさ」は「やさしさ」を生み、「笑い」は「笑い」を生み、そこには連動がある、循環がある。この本のサブタイトル「ありがとうと言ってくれてありがとう」は、他のホームに異動した六十歳の女性スタッフの言葉だ。この言葉には循環があることを知った。しかし、「介護」のやさしさはそれで完了というわけではない。いくらでも学んでいき、深いものになっていくので、一つの「笑い」で一丁上がりということはない。私は巡り合った多くの人々との縁によって、こんなにも大きな変革があることも知った。

「ありがとうと言ってくれてありがとう」と言ったスタッフは、このホームを去ったけど、そしてもう一人、私の三冊目のタイトルとした「社会性をもった大きな家族」とホームを運営する考えを伝えてくれたホーム長も他のホームに転勤してしまったけど、その当初、私は船頭を失った小舟と私自身を表現したが、彼女がそして彼が指し示してくれた考えは今、こうしてしっかり根づいて、生きて、生長しているのだ。その広がり、連動を私が「循環型老人ホーム」と言った時、常に私の背中を押してくれ、アドバイスをくれる入居者が「幸せの循環型老人ホーム」だと指摘してくれた。

私の著作三冊のサブタイトルは、すべてスタッフたちやホーム長の言葉からとったものである。サブタイトルだけではない、そこに書かれたすべてが、日々のスタッフを中心とした言動であり、私はその折々に感じた思いを綴っただけなので創作とは思っていない。それだから私はこのホームを縁に出会った人々に感謝を贈りたい。

ほんとうに「ありがとう」。


〈追記〉

私の著作は、その価格のわずかな金額ですが、「あしなが育英会」に寄付されます。日本の将来を担う青年たちを少しでも応援したいからです。顔も知らない青年たちから届く感謝を聞くたびに、「ありがとうと言ってくれてありがとう」と言っています。

著者プロフィール

北沢 美代（きたざわ みよ）

1941年生まれ
早稲田大学教育学部卒
瀧口直太郎教授研究室秘書、翻訳業、家庭教師などを経て、
1971年株式会社アサヒ健康事業部入社
1975年ミズ（MYS）株式会社取締役
1988年株式会社エコロジーヘルスラボ（EHL）代表取締役
1995年同辞任

【著書】
『終の棲 ホームの日々』（2021年/芸術新聞社）
『終の棲Ⅱ 老いと共に歩む』（2022年/芸術新聞社）
『終の棲Ⅲ―社会性をもった大きな家族―』（2023年/文芸社）

終の棲Ⅳ ―ありがとうと言ってくれてありがとう―

2023年12月15日　初版第１刷発行

著　者　北沢 美代
発行者　瓜谷 綱延
発行所　株式会社文芸社
〒160-0022　東京都新宿区新宿1－10－1
電話　03-5369-3060（代表）
03-5369-2299（販売）

印刷所　図書印刷株式会社

ISBN978-4-286-24763-2　JASRAC 出 2307215－301